CHARLES PASQUA

Que demande le Peuple...

Albin Michel

22, rue Huyghens, 75014 Paris

ISBN 2-226-05939-3

À Jeanne

I

Le triomphe des cyniques

Autant l'avouer d'entrée, pour moi le monde est partagé en deux : ceux qui croient à la France et ceux qui n'y croient pas, ou plutôt qui n'y croient plus.

Ce qui m'apparaît nouveau, c'est que, dans cette dernière catégorie, on trouve de plus en plus de Français. Voilà pourquoi j'ai eu envie d'écrire ce livre. Passe encore que les Américains nous tiennent pour quantité négligeable, que — de bonne guerre — les Anglais nous raillent quotidiennement, que les peuples de l'Est aient compris qu'il n'y avait rien à attendre de nous, qu'Israël et les pays arabes règlent leurs problèmes sans la France, que le Maghreb et l'Afrique noire n'aient plus d'illusions sur notre compte. Passe encore...

Nous payons là le prix d'une interminable décennie où la France, de moins en moins sûre d'elle-même, n'a pas su prendre à temps la mesure des événements, pourtant considérables, qui ont bouleversé le monde. Mais notre pays en a vu d'autres, et sait qu'il est capable d'opérer de ces rétablissements qui sont la marque des grandes nations.

Beaucoup plus préoccupante me semble l'indifférence, voire la désinvolture, de certains Français vis-à-vis de la France. Ah, je sais qu'il n'est pas d'usage et qu'il est même fort imprudent, pour un homme politique, de se mettre à critiquer ses concitoyens ! Je ne les suspecterai donc pas. Mais je les observe et je voudrais les mettre en garde.

Je ne doute pas de la vigueur de leur sentiment national. Tout le démontre, y compris les excès d'un certain chauvinisme. Mais le sentiment est une chose, et la raison en est une autre.

Bien des Français doutent de la France. De la France socialiste, pour des raisons évidentes. Mais, plus profondément, ils sont nombreux à se demander si l'idée de nation, qui est le cadre naturel dans lequel ils naissent, vivent et meurent depuis des siècles, est bien toujours la bonne, celle dans laquelle naîtront, vivront, travailleront et mourront à leur tour leurs enfants.

Cette interrogation est légitime. Tout y concourt. A force d'entendre dire que notre pays attend la reprise aux Etats-Unis ou le nouveau taux directeur de la Bundesbank, le scepticisme s'installe sur la réalité de notre pouvoir. La mondialisation des échanges, l'apparition d'une « culture » internationale imposent jour après jour des produits, des images, des musiques, identiques, uniformes quelquefois, à notre partie de la planète. L'Europe technocratique semble vouloir tout résoudre à notre place, et beaucoup pensent qu'elle le peut en effet. A l'autre bout, les régions, les départements, les communes, revendiquent ou conquièrent une autonomie de plus en plus affirmée.

Entre ces deux mouvements opposés, le pays paraît écartelé. Nul n'est forcé d'être patriote, si la patrie ne doit plus exister. Or, les Français ont l'impression que pour les plus favorisés d'entre eux, la messe est déjà dite et l'esprit ailleurs... J'en parlerai plus loin, mais que l'on y pense : en 1991, la France est devenue le premier investisseur à l'étranger de tous les pays du monde, devant le Japon et les Etats-Unis. Bravo ! Mais derrière le cocorico affiché, que retiennent les Français, ceux qui continuent de vivre à l'intérieur de nos frontières ? Que l'argent et les emplois vont ailleurs. S'expatrient, pour parler clair.

Alors que le monde entier, confronté à la

même perte d'identité, redécouvre la pertinence, la modernité de l'idée nationale — non comme repli, mais comme repère — la France des élites est prise d'un véritable engouement pour tout ce qui est international, supranational, multinational, que sais-je encore ?

D'ailleurs, émet-on le plus petit doute sur le caractère international de tel ou tel problème ou de sa solution, qu'on est immédiatement qualifié de nationaliste. C'est le « iste » qui fait toute la différence. Il appelle tout de suite l'adjectif : fieffé, dangereux, borné. L'idée ne viendrait à personne de traiter d' « internationalistes » ceux qui pensent d'abord en termes internationaux. Non, ils sont « modernes », voilà tout !

Rien ne me paraît plus « moderne », à moi, que de savoir, dans un monde de plus en plus « international », de plus en plus interdépendant en tout cas, comment faire pour que la paix, le progrès, la prospérité n'ignorent pas le territoire où je vis, où vivent mes enfants et mes petits-enfants, et même, si possible, qu'ils lui profitent en priorité.

Tant que nous n'aurons pas découvert de civilisation extraterrestre, la nation restera la référence, l'échelle dans laquelle se reconnaîtront les hommes. Que les nations s'entendent, coopèrent, s'unissent pour des objectifs communs, c'est le bon sens même. Mais elles doivent être et rester maîtresses de leur destin. Cela n'a rien à voir avec le nationalisme. Mais avec la démocratie, dont le triomphe marque cette fin de siècle. « L'idée de souveraineté nationale, disait le général de Gaulle, se confond exactement pour moi avec celle de démocratie. »

Eh oui ! Le réveil de l'idée nationale, qui intrigue ou inquiète tant les bons esprits, c'est tout bonnement celui de l'idéal démocratique. L'un ne va pas sans l'autre. Le totalitarisme, la technocratie, la finance ignorent les frontières. Pas la démocratie.

Cela, on le comprend partout, sauf en France, semble-t-il. Cruelle ironie de l'Histoire : le pays qui a inventé la nation, la république et le droit des peuples à disposer d'eux-mêmes, paraît avoir tout oublié.

De cet oubli, nous sommes tous un peu responsables. Donc, n'en déplaise à certains, tous un peu coupables.

Les politiques au premier chef.

Il existait, naguère, un exercice auquel devait se livrer tout candidat à l'élection : la rédaction de sa profession de foi. Si j'en parle au passé, c'est que plus personne ne les lit et donc que plus personne ne les écrit autrement que comme une carte de vœux.

La place dominante prise par l'image a rendu tout cela obsolète. L'homme politique est devenu tour à tour comédien, spectateur, commentateur de la vie politique que lui modèlent les médias et les sondages. Il n'en est plus l'auteur. A de rares exceptions près, qui donnent le meilleur, comme le pire. Vous m'avez compris.

Nous avons gardé la profession, mais nous avons perdu la foi. Le problème, c'est que tout cela n'est pas passé inaperçu...

Les hommes politiques croient — ou feignent de croire — à une inexorable dépolitisation des Français. De nombreux observateurs voient, là aussi, une preuve de modernité, de maturité, la politique étant, à leurs yeux, une manifestation attardée de cette « exception française » chère à François Furet. D'ailleurs — n'est-ce pas ? —, personne aux Etats-Unis — personne de sérieux, s'entend — ne s'intéresse à la politique. Quant à voter... aux présidentielles, et encore...

Tel n'est pas mon sentiment. Il ne faut pas confondre manque d'appétit et manque d'envie. La désaffection actuelle trahit l'insatisfaction de nos concitoyens devant les politiques qui leur sont présentées. En votant contre, ou en s'abstenant, ils s'expriment. Le menu ne leur plaît pas.

C'est qu'ils ont l'intuition que les partis politiques évacuent sciemment les vrais problèmes — ceux qui pourraient créer de vrais clivages — excellent dans le diagnostic, mais répugnent aux solutions, qui susciteraient accords et désaccords. Bref, qu'ils semblent tous s'être ralliés à la célèbre maxime du bon docteur Queuille : « Il n'est pas de problème assez urgent qu'une absence de décision ne puisse résoudre. » Combien de fois ai-je aussi entendu cette phrase, qui me fait bondir : « C'est un problème beaucoup trop important pour être un enjeu politique ! »

Or, des problèmes, les Français en ont. Ils en ont même de plus en plus. Alors, pour certains, la solution est claire : on crée un parti... par problème : le Parti anti-immigration, le Parti pro-environnement, le Parti des chasseurs. Nul doute qu'à ce rythme, il n'y ait bientôt un Mouvement des parents et un Parti étudiant, la Ligue des pharmaciens et le Rassemblement des malades, l'Union des automobilistes et le Front des piétons. Le corporatisme se nourrit de la démission de la politique.

Les autres, le plus grand nombre, ont inventé une forme nouvelle de protestation : l'abstention. Une façon individuelle de manifestation collective. Un Mai 68 rampant. Ou, si l'on préfère, une espèce de résistance passive. Pour le moment[1]...

Les hommes politiques prennent l'abstention pour un phénomène désagréable, un peu dévalorisant, mais pas vraiment dangereux. La classe politique, qui n'est pas régie par les lois du marché, s'en inquiète peu en vérité. Un appel rituel au civisme, et on passe à autre chose.

Une entreprise qui perdrait la moitié de ses clients ferait faillite. Pas la politique. Quel que soit le nombre d'électeurs, on n'en est pas moins élu.

C'est le triomphe des cyniques !

A tout seigneur, tout honneur : ce triomphe est d'abord celui de François Mitterrand.

L'homme, incontestablement, aime la France. Il y a certes du chemin de Cancun à la guerre du Golfe, un fossé entre les accords de Maastricht et la Confédération européenne, mais un fil directeur, qui est de voir la France fidèle à sa vocation historique et universelle. Et je puis témoigner de l'intérêt du président de la République pour l'action du ministre de l'Intérieur, de 1986 à 1988 — du moins en ce qui

1. J'ai écrit ces lignes avant les élections régionales de mars 1992. La participation, plus importante que prévu, me semble cependant confirmer l'analyse : il n'y a pas dépolitisation en France, mais bien désaffection.

concerne la lutte contre le terrorisme, on s'en doutait.

Mais il y a l'homme, et il y a le politique. Et, chez François Mitterrand, celui-ci l'emporte toujours sur celui-là. Il mesure d'abord tous ses projets à l'aune du profit qu'il en escompte sur le terrain de la politique intérieure. Au risque que la part du « métier » l'emporte sur l'objet du travail, comme dans ces chefs-d'œuvre, contournés mais inutiles, des compagnons du Tour de France. Beaucoup diront, admiratifs : « C'est de la belle ouvrage. » Peu verront que la France, au bout du compte n'y a rien gagné. N'est pas Louis XI qui veut.

Mais l'excès de tactique annihile la volonté politique. Depuis 1988, nous ne sommes plus tout à fait gouvernés. Nous vivons au rythme des spéculations sur les intentions du président de la République. La France, qui n'a pas renoncé à être gouvernée, est lasse de ces subtilités, dont se délectent la classe politique et les échotiers.

Pendant ce temps-là, comme on le lisait dans les romans de cape et d'épée de mon enfance, il y a mille chômeurs de plus chaque jour, autant d'immigrés clandestins, deux fois plus de délits. Bien sûr, le pays a compris qu'il ne fallait plus tout attendre de l'Etat. De là à n'en espérer plus rien, il y a cependant une marge...

Mais François Mitterrand n'aurait pu accomplir ce prodige tout seul. La classe politique dans son ensemble — je ne m'exclus pas totalement du reproche — partage la même responsabilité : s'être coupée du peuple français pour ne plus s'intéresser qu'à son propre sort.

Des sondages absurdes, relayés par des médias complaisants, nous confortent dans l'erreur : les études d'opinion ont en effet ceci de particulier qu'elles posent souvent aux gens des questions que ceux-ci ne se posent pas, et auxquelles ils ne répondent que parce qu'ils sont sondés. Cela donne quelquefois des résultats cocasses : 60 % des Français sont pour « l'ouverture », mais 70 % contre la « cohabitation » ; la majorité veut que M. Mitterrand parte, une majorité encore plus large qu'il change de politique, de premier ministre, de chapeau, et j'en passe. L'art de dire tout et son contraire.

Et la classe politique de s'agiter au rythme de ces sondages quotidiens, alors que je suis persuadé que les Français, eux, s'en contrefichent, qu'ils n'écoutent que ce qui les concerne, et plus du tout le reste.

Le problème est moins de savoir comment nous en sommes arrivés là que d'en prendre complètement conscience. La politique ne parle plus que d'elle-même ; les mots qu'elle invente, c'est : « cohabitation », « ouverture », « courants », quand, il y a encore quelques années, c'était : « participation », « intéressement » ou « mensualisation ». Le discours politique de cette fin de siècle trahit l'absence de vrais projets.

Nous sommes coupés des Français parce que nous n'apportons plus de réponses crédibles à leurs problèmes. Ou, pire, qu'on ne nous croit plus capables d'en apporter. C'est justice.

Il faut avoir le courage de le reconnaître : nous sommes directement mis en cause sur notre responsabilité d'hommes publics. C'est de notre capacité à agir sur les choses qu'il est question. De notre volonté. Le chômage : quelles solutions ? L'immigration : quels remèdes ? L'insécurité : quelles mesures ? L'école : quelle réforme ? La retraite : quel système ? La protection sociale : publique ou privée ? La France : oui ou non ?

Voilà ce que demande le Peuple. Il va falloir répondre. Il va falloir choisir. Il va falloir proposer. Il va falloir « oser », comme l'a écrit Alain Minc. Ne plus se contenter d'attendre, cyniquement, que l'oiseau nous tombe tout rôti dans le bec. Parce qu'il n'y aura pas d'oiseau, sinon un oiseau de malheur.

Que les cyniques, que les blasés, que ceux qui n'y croient plus laissent ici leur lecture. Je veux maintenant m'adresser à ceux qui croient encore à quelque chose, en dehors d'eux-mêmes.

II

La France, et qui entend le rester

Je crois que les pays sont des personnes. On peut les marier, les associer, les lier entre eux par toutes sortes de rapports, de gré ou de force, comme on le fait des êtres humains. Mais jamais deux personnes n'en feront qu'une seule.

Cela, je le sens de toutes mes fibres, comme, j'en suis persuadé, vous le sentez vous-même. Aucun plan, aucun raisonnement, aucun ordinateur ne saurait me faire changer d'avis là-dessus. Voyez comme nous ressentons, par exemple, un accident de chemin de fer ou d'avion. Dix morts chez nous, et nous nous sentons atteints nous-mêmes. Cent morts chez nos voisins, c'est un fait divers. Je crois que, lorsqu'on a compris cela, on a saisi l'essentiel.

La force de ce sentiment national me vient d'une solide tradition familiale. Mon père comme mon grand-père étaient à la fois bonapartistes, ce qui n'a rien d'original pour des

Corses, et socialistes, ce qui l'est davantage. Mais un socialisme à la Jaurès, celui qui disait : « La nation est le seul bien des pauvres. »

Chez les Pasqua, comme chez la plupart de mes compatriotes, l'attachement à la France a toujours été charnel, véritablement. Sans doute parce que nous avons été envahis, pillés, rattachés à d'autres, plus souvent que les continentaux. C'est pourquoi toute ma famille est entrée dans la Résistance, sans se poser la moindre question. Rien d'héroïque : c'était une évidence. J'avais quinze ans et je fis, comme les autres, ce que j'avais à faire.

L'immense personnalité du général de Gaulle fut dès lors, et rien n'a changé depuis, mon unique référence. Qu'on imagine l'esprit d'un gamin de quinze ans qui fait la guerre. Il était saint Michel, saint Georges et tous les saints à la fois. Rien que le nom : de Gaulle — formidable, non, en ces circonstances ? — et l'épithète « gaulliste » qui nous transportait de fierté, tant elle semblait avoir existé de toute éternité.

Rassurez-vous, je n'ai pas l'intention de refaire *La Gloire de mon Père,* même si j'éprouve pour l'œuvre de Pagnol une vraie passion, pour des raisons que l'on comprendra aisément. Il me faudrait pour cela d'autres talents. En vérité je crois que, dans cette époque où tout se confond, il n'est pas mauvais de rappeler qu'il y a, à l'origine de l'engagement, chez de nombreux hommes politiques, de vraies racines.

Personne n'a aujourd'hui le monopole du gaullisme. Il me semble cependant que peuvent être appelés gaullistes tous ceux pour qui la France est une réalité concrète et non une entité abstraite, et pour lesquels l'idée nationale est une donnée permanente et non pas transitoire de l'organisation des hommes. Peuvent être qualifiés, en revanche, de nationalistes ceux pour lesquels la nation est une idée fixe, obsessionnelle, exclusive de toutes les autres. Le gaullisme ignore la paranoïa.

La France fait partie des quatre, cinq nations qui ont prétendu, à un ou plusieurs moments de leur Histoire, à une vocation universelle. J'ai même la faiblesse de penser que, de ces nations-là, à la mesure d'un millénaire, elle est la seule à représenter davantage qu'elle-même, et toujours quelque chose pour les autres.

Le Français qui voyage, pour son plaisir ou ses affaires, connaît bien cette « différence ». Où qu'il se trouve dans le monde, il n'est jamais un étranger comme les autres. Le monde éprouve pour la France une insolite passion.

Cette France forme un tout. Ce qu'aiment les autres peuples, ce n'est pas la France de droite ou celle de gauche. Ce n'est ni la France socialiste ni la France libérale. C'est la France, tout simplement, cet étrange pays qui, de tout temps, s'est mis en tête de dire aux autres ce qu'il convient de faire, sans jamais — là, j'exagère à peine — les y contraindre.

Cette France, c'est celle qu'exalte Fernand Braudel, que feraient mieux de lire ceux qui, à tort et à travers, parlent d'identité nationale : « J'aime la France avec la même passion, exigeante et compliquée, que Michelet, sans distinguer entre ses vertus et ses défauts, entre ce que je préfère et ce que j'accepte moins facilement : la France se nomme diversité. »

Ministre de l'Intérieur — et des Cultes, on l'oublie trop — j'ai eu à maintes reprises l'occasion de recevoir les représentants des terroirs et des confessions qui, à un titre ou à un autre, illustrent cette diversité. Quels que soient mes interlocuteurs, j'ai toujours entendu la même analyse et rencontré le même espoir : que perdure le modèle républicain français, qui a su, depuis deux siècles, préserver cette diversité sans tomber dans le particularisme, c'est-à-dire dans l'exaltation de la différence.

On devrait envoyer à tous les électeurs et distribuer dans les écoles l'introduction du rapport de la commission Marceau Long, que le gouvernement auquel j'appartenais avait réunie en 1987 pour étudier les problèmes de la nationalité. J'en citerai ici un court passage, qui me semble parfaitement traduire ce problème clé de la France d'aujourd'hui :

« Dans le processus d'intégration auquel nous assistons aujourd'hui, les populations ont changé, mais peut-être plus encore les formes de l'intégration, la nature du lien social qui unit l'ensemble de la population en France, nationale et étrangère. On n'entend plus guère le discours du patriotisme. Les institutions nationales, comme l'école ou l'armée, sont volontiers remises en cause. Les Eglises catholiques, française, polonaise et italienne, qui devaient contribuer à aider, contrôler, intégrer les populations étrangères, ont perdu une grande part de leur rôle social. Les syndicats ouvriers contribuaient aussi à insérer les ouvriers étrangers dans l'ensemble de la classe ouvrière, par leur action quotidienne et leur discours sur la lutte des classes, qui donnait une représentation du monde, un sens positif à la condition prolétarienne ; leur affaiblissement rend plus difficile l'intégration des populations d'origine étrangère. L'école, moins autoritaire, moins exigeante, moins sûre de ses valeurs et de sa mission qu'elle ne l'a été pendant la IIIe République, reste pourtant relativement efficace ; encore que l'échec scolaire des jeunes issus de l'immigration constitue une limite à son action. Cet affaiblissement des institutions et des valeurs universalistes autour desquelles s'est élaborée la tradition nationale, et qui a permis l'intégration des populations d'origine étrangère au cours des deux derniers siècles, constitue le véritable danger pour l'avenir national. Là encore, ce n'est pas le droit de la nationalité lui-même qui pourra redonner la capacité d'intégration, dont on se demande si elle n'est pas devenue quelque peu défaillante.

Reste que le droit de la nationalité doit demeurer ce qu'il a été dans notre histoire, le moyen d'encourager et de consacrer l'intégration à la France des populations d'origine étrangère. On peut juger utile voire nécessaire d'adapter à des circonstances nouvelles certaines de ses dispositions, mais il ne saurait être question de bouleverser ses grands principes, conformes à l'intérêt et aux valeurs de la France. »

Je regrette que nous n'ayons pas pu ou su faire voter la réforme du code de la nationalité proposée, à l'unanimité de ses membres, par la commission Marceau Long. La composition du gouvernement de cohabitation ne s'y prêtait pas, les uns n'ayant pas renoncé, à l'époque, au fantasme d'une France multiculturelle, d'autres voulant contenter tout le monde et son père à la fois. Je suis certain que si nous étions passés outre à ces réticences, Jacques Chirac aurait été élu président de la République.

L'esprit de cette réforme était inspiré d'une idée ambitieuse, généreuse, optimiste de la France, idée partagée par des hommes aux opinions aussi différentes que Pierre Chaunu, Emmanuel Le Roy Ladurie, Henri Verneuil, Alain Touraine... comment tous les citer ? Il me semble qu'il y avait là les bases de ce « nouveau contrat national » dont nous sentons bien qu'il est nécessaire de l'établir d'urgence.

Devant la même commission, le philosophe Alain Finkielkraut donnait cette caractéristique de la France, qui me va droit au cœur : « Un pays dont les plus hautes valeurs éthiques ou spirituelles sont proposées à l'adhésion consciente de ses membres. » Et la commission Marceau Long de conclure : « L'attraction encore exercée par la France en tant que nation tient à sa place dans l'histoire des droits et des libertés, à l'existence permanente d'un projet politique commun de portée universelle. »

Tout est dit. La France n'est décidément pas la Suisse. La « tentation helvétique » existe cependant, et elle rassemble, si l'on peut dire, des Français qui n'ont pas bien conscience, à droite ou à gauche, de participer à la même tentation du repli sur soi.

Que mes amis suisses se rassurent. J'aime

beaucoup leur pays, et j'y passe chaque année quelques jours à marcher, en famille, dans la montagne. La Confédération est d'ailleurs une des plus vieilles et des plus authentiques nations du monde. Mais son originalité — dont la neutralité est l'expression la plus forte — me paraît illustrer la tentation qu'ont certains Français de voir la France se recroqueviller sur elle-même. Je sais bien que les Suisses ont, eux, la tentation inverse.

Ces Français votent aujourd'hui Front National, mais aussi communiste ou écologiste. La même peur, inconsciemment sans doute, les motive : celle de l'avenir. Le même réflexe les mobilise : l'envie de revenir en arrière, de se réfugier derrière les certitudes et les habitudes du passé, bien que les nostalgies qui les animent n'aient aucun rapport avec l'histoire de notre pays. Le même découragement les saisit donc. La moitié s'en échappe dans des idées extrêmes, et l'autre dans un égoïsme militant. Parfois les deux.

Le Pen est le héraut le plus tonitruant de cette réaction instinctive. Avec un art consommé de la manipulation des foules, cet alchimiste sait trouver les ingrédients les plus profondément enfouis pour alimenter son alambic. Ses dérapages, ses calembours sont soigneusement pesés.

Il n'est pas facile de lutter contre un tel phénomène. Les ressorts qu'il utilise, s'ils sont condamnables, ne sont pas artificiels. La tentation dont je parlais plus haut existe bel et bien et, soyons francs, lequel d'entre nous n'a jamais d'angoisse devant l'avenir, ni de peur devant l'inconnu ? Les psychanalystes, j'imagine, expliqueraient cela mieux que moi.

Mais l'alchimie de Le Pen n'aurait pas pris, si nous ne lui avions pas abandonné le terrain politique. La droite, puisqu'il s'agit d'elle — je sais que sont tombés dans l'escarcelle du Front National bien des électeurs de gauche, mais, incontestablement c'est à droite qu'est né le phénomène et c'est là, et là seulement, qu'on pourra le réduire — la droite, donc, a laissé tomber en friche le territoire que le général de Gaulle avait magistralement occupé et qu'il nous avait laissé en héritage, pour des générations, lui semblait-il : celui de la patrie.

Il y a sans doute, dans ce pays, un déficit social. Il y a, avant tout, un énorme « déficit national ».

Or, l'immigration est désormais au cœur de ce débat. Je me souviens d'avoir, début 1984 — trop tard sans doute, mais le premier de mon camp — essayé d'alerter mes amis sur le problème de l'immigration. Des réunions que je tenais à l'époque en province, j'avais commencé de ressentir ce que l'afflux d'immigrés clandestins depuis 1981 était en train de provoquer chez les gens. Il ne fallait d'ailleurs pas être grand clerc, mais ne pas se contenter des sondages, qui n'avaient rien vu venir, puisque la question n'y était pas posée.

On m'a regardé de travers, comme si je venais d'arriver d'une autre planète. Quelques mois plus tard, aux élections européennes, le Front National prenait son essor.

Nous avons commis, à ce moment-là, une erreur majeure. Certes, le rôle des hommes politiques n'est pas seulement de prendre le pouls de l'opinion, puis de se calquer sur son rythme. Mais il est de traiter les problèmes que les gens se posent, au moins quand ils se les posent, si on n'a pas été capable de les discerner avant.

A mon sens, le problème est né de ce que la fabuleuse machine à assimiler qu'est la France a commencé de s'enrayer dans les années 70, avec le début de la crise. Valéry Giscard d'Estaing, dont l'esprit d'analyse est rarement pris en défaut, a sans doute été le premier, vers la fin de son mandat, à s'en apercevoir. L'arrêt de toute immigration nouvelle — je ne parle pas, par définition, de celle qui est clandestine

— la création d'une aide au retour ont été des mesures intelligentes prises par le gouvernement de Raymond Barre à ce moment-là. Développées, elles auraient pu stopper la progression du problème, et peut-être serions-nous alors restés en deçà de ce fameux seuil de tolérance, qui est psychologique, chacun le sait. Or, en 1981, l'arrivée des socialistes au pouvoir a créé un véritable appel d'air. La régularisation massive de la situation des clandestins a été comprise, dans toute l'Afrique, maghrébine et noire, comme une promesse. Alors que les autres pays développés, confrontés à la crise, durcissaient leur attitude et les procédures d'entrée et de séjour sur leur territoire, nous faisions exactement le contraire. Nous ne nous en sommes jamais remis.

Quand, ministre de l'Intérieur, j'ai organisé un charter vers le Mali, renvoyant dans leur pays 101 clandestins, c'était pour tenter d'inverser la vapeur. D'Alger à Brazzaville, toutes mes rencontres avec les responsables africains me le confirmaient : la France était considérée, par les populations, comme la seule terre d'asile possible. Or, les Africains — on s'en doute — ne lisent pas notre *Journal officiel*. Toutes les lois, tous les décrets que nous pouvions prendre ne les feraient pas changer d'avis : c'était bien en France qu'ils voulaient se rendre, puisque la misère les poussait à se mettre en marche. Il fallait donc tirer le signal d'alarme, d'une façon telle qu'ils puissent le comprendre. C'est ce que j'ai fait, et c'est ce que je referais si le problème m'était posé à nouveau.

Quand j'écoute aujourd'hui le discours des socialistes et que je me rappelle la bordée d'injures que j'ai essuyée à l'époque, je ne peux m'empêcher de sourire intérieurement.

A l'opposé du Front National, lui servant de faire-valoir — les deux se renvoyant la balle à l'aide de propositions excessives — il y a les tenants d'une France imaginaire, patchwork de cultures rapportées, voire mosaïque de peuplements nouveaux. Cette idée est partagée par tous ceux que la mode met en avant, et elle s'affiche sans complexe. Les campagnes de publicité de la marque Benetton en sont l'illustration la plus criante, sinon la plus raisonnable.

Tout ce petit monde, qui a élu domicile à Paris, détourne en fait une des réalités les plus permanentes de la France, pour en faire une pseudo-idéologie, élitiste s'il en est, cosmopolite, si le mot a un sens.

De Léonard de Vinci à Picasso, le génie de la

France a été de savoir accueillir, assimiler les plus grands talents d'une époque. Aujourd'hui encore, je ne me choque pas, bien au contraire, de voir Pei ou Spreckelsen, architectes de dimension universelle, dessiner la Pyramide du Louvre ou l'Arche de la Défense. Il m'arrive même de regretter que la France des années 1990 ne soit plus capable, comme celle de la Belle Epoque ou des années 20, d'être le lieu privilégié de la création artistique. De là à bâtir une théorie politique, il y a un monde.

Ces quelques intellectuels parisianistes ne se rendent pas compte du mal qu'ils répandent. La France n'est pas New York, cet univers insensé, superbe et démesuré, qui a réussi à la fois la plus grande ville juive, irlandaise, arménienne du monde, et bientôt sans doute polonaise, iranienne, vietnamienne, russe peut-être.

Rien ne me paraît plus contraire à l'idée que je me fais de la France que la juxtaposition de populations et de cultures qui y garderaient leur identité d'origine, sans se fondre peu à peu dans la communauté nationale.

L'apartheid n'est pas, on l'aura compris, ma conception de la vie en commun en France.

L'immigration n'est pas un phénomène nouveau pour notre pays. On l'a dit et redit, un quart des Français ont au moins un grand-parent d'origine étrangère. La France est le seul pays européen qui, depuis un siècle, a importé des hommes, alors que tous les autres en ont exporté, vers les Etats-Unis principalement. La faiblesse de sa démographie explique ce mouvement contraire aux autres. Dans un essai dont le titre provocant — *L'Immigration, une chance pour la France* — cache une analyse tout à fait raisonnable de l'immigration, Bernard Stasi montre bien combien la France, si elle voulait maintenir sa dimension universelle, avait besoin d'ingénieurs, d'ouvriers, et... de soldats. Ces nouveaux Français, italiens, polonais, ont fondu l'acier de nos canons, et ils ont aussi fourni de la chair aux canons d'en face, avec tous les Algériens, Marocains et Sénégalais, qui faisaient, dans les tranchées, d' « excellents Français ».

Faut-il rompre avec notre Histoire ? Je ne le crois pas. Je le disais au début de ce chapitre, les pays sont pour moi comme des personnes. Et, comme aux personnes, la dignité leur commande d'assumer leur passé, leur histoire, et même leurs contradictions. Zola, l'AOF de nos pères et Mimoun en font partie au même titre que l'orthographe, le latin ou la *Marseillaise*. Assez d'idéologues, de droite comme de gauche, pour qui la France doit se réduire à l'idée qu'ils en ont !

Personne n'a contraint la France à être une puissance coloniale et, je le crois, civilisatrice, qui coloriait en rose, dans les salles de classe de Tunis, Alger, Casablanca, de Dakar ou de Saigon, toute une partie de la carte du Monde. Cette histoire est la nôtre, et je rêve, moi, d'une France qui, au lieu de laisser se défaire le lien spirituel avec les pays qui ont été français, saurait au contraire l'entretenir ou le ranimer, voire le réinventer. Voyez ce qu'ont fait les Espagnols, la force de ce qu'ils appellent « hispanidad ». Puis regardez l'état lamentable de notre coopération avec les pays qui furent nôtres et l'indigence de la francophonie...

Bien davantage qu'au droit du sol ou au droit du sang — querelle de juristes qui renvoie à une conception archaïque de la nation —, je crois, moi, au droit du cœur et à celui de la raison. La France est certes un peuple et un espace. Mais c'est d'abord une idée. La grandeur de la France, c'est que puissent intégrer la communauté nationale tous ceux qui adhèrent à cette idée. Mais rien que ceux-là. Alors, que la France traite enfin le problème de l'immigration dans le respect de ce qu'elle représente, aux yeux des autres, et, je l'espère, à ses propres yeux ! Mais qu'elle le traite ! Voilà, je crois, de quoi rassembler les Français.

En juin 1991, à mon initiative, nous avons, au

Sénat, toutes sensibilités de l'opposition républicaine confondues, adopté un arsenal législatif visant à définir une politique nationale de l'immigration. Nos propositions sont restées lettre morte.

Il y avait là, cependant, de quoi permettre au débat de sortir de la fange dans laquelle on se complaît à le maintenir :

— La réforme du code de la nationalité, désormais fondée sur la conscience d'appartenir à la nation française ;

— La répression de l'immigration sauvage et de ceux qui l'organisent ;

— Le contrôle par les maires du regroupement familial ;

— La restriction du droit d'asile aux cas réels, et non plus à tous ceux qui fuient la précarité ou la misère dans leur pays d'origine ;

— La fixation du quota annuel, par nationalité et par profession, de ceux que nous pouvons accueillir.

Voilà, me semble-t-il, les contours d'une politique ferme, rigoureuse, maîtrisée, mais conforme à notre image et à notre rang dans le monde. Après avoir semblé vouloir étudier sérieusement ces propositions, le gouvernement de Mme Edith Cresson y a brutalement renoncé. Sur ordre de François Mitterrand.

La mise en œuvre de cette politique, adoptée

si possible par référendum, doit être la priorité de tout nouveau gouvernement que nous conduirions. Je m'en porte garant, si on me prête quelque crédit.

J'ajoute, j'en parlerai plus loin, que le succès d'une telle politique exige une sévérité sans faille vis-à-vis des délinquants d'origine étrangère. Il est de l'intérêt même des étrangers qui vivent avec nous et respectent nos lois, de briser l'amalgame qui s'est installé, qu'on le veuille ou non, entre immigration et délinquance.

Comme le dit Jean-François Revel, l'un de nos intellectuels les plus lucides et surtout les plus incisifs, « le racisme a bon dos : accuser de racisme un citoyen qui se plaint qu'on lui ait volé sa voiture, sous prétexte que le voleur est un Maghrébin, c'est précisément là l'injustice qui rend raciste ».

Il nous faudra être d'une fermeté exemplaire, au risque, quelquefois, d'être injustes. L'enjeu est trop important pour prendre le moindre gant. Ce qu'on appelle la « double peine » — expulser le délinquant étranger après qu'il a purgé sa peine — est peut-être injuste aux yeux de certains. C'est pourtant nécessaire, ou alors abandonnons à jamais toute idée d'intégrer les étrangers honnêtes.

Je viens d'avoir 65 ans. Si Dieu le veut, je verrai l'an 2000, qui m'apparaissait jadis comme une image de science-fiction. J'aimerais qu'il soit, pour ceux qui me suivront, à la hauteur de ce que, moi, j'ai vécu.

III

Citadelle ou cathédrale

L'AN 2000, je le vois européen. Cela va sans doute en étonner plus d'un, qui m'imagine arc-bouté sur des positions d'un autre âge. C'est que ces gens-là n'écoutent généralement que ce qu'ils veulent entendre. Pour eux, la cause est entendue : l'Europe et le gaullisme, c'est chien et chat, une fois pour toutes.

Pour parler franchement, cet *a priori* m'échauffe un peu les oreilles. On ne l'entend qu'en France, d'ailleurs. Dans tous les autres pays européens, de Gaulle est considéré comme un des pères de l'Europe — eh oui, un des pères de l'Europe, au même titre que Jean Monnet. De plus, je pense, moi, qu'il est sans doute, avec Churchill, le seul à avoir pensé l'Europe dès le début, en termes politiques. D'ailleurs, depuis sa disparition, l'Europe politique est orpheline : y a-t-il eu une autre tentative depuis le plan Fouchet ?

Malheureusement, dans ce pays, les idées reçues ont la vie dure. Le « volapuk intégré » a laissé des traces et depuis, quoi que nous disions, quoi que nous fassions, nous sommes définitivement catalogués anti-européens. Mais il faut avoir l'honnêteté de reconnaître que certaines de nos déclarations n'ont rien fait pour arranger les choses...

C'est que le débat sur l'Europe est passionnel et qu'il entraîne quelquefois, de part et d'autre, des excès de langage. Il y a, depuis l'origine, un véritable schisme entre deux conceptions de l'Europe, l'une et l'autre étant persuadées de détenir la vérité. On comprend dans ces conditions que fleurissent les noms d'oiseaux...

Personnellement, je m'efforce de ne jamais juger les gens sur les intentions, mais sur les actes. Sinon, il n'y aurait pas de vie en société. Je ne crois donc pas que les hommes politiques qui défendent une autre conception des choses que la mienne, souhaitent faire sciemment le malheur de leurs contemporains. Je pense qu'ils se trompent, d'analyse ou de conclusions, voilà tout !

C'est pourquoi le procès d'intention qui est fait aux gaullistes, en permanence, à propos de l'Europe me chatouille un peu, pour employer un euphémisme. Que nous ratifiions l'Acte unique, en 1986, et on nous suspecte de mettre de l'eau dans notre vin, ce qui n'est pas, à mon sens, un compliment. Souhaitons-nous une Europe élargie, qu'on nous accuse de nourrir, derrière cette idée généreuse, les plus noirs desseins. Voulons-nous parler Europe politique, c'est pour mieux contrarier l'Europe monétaire. Qui veut noyer son chien...

En réalité, le débat sur l'Europe, depuis qu'il existe, est dominé par les partisans de la conception la plus maximaliste, qui se donnent les Etats-Unis d'Amérique pour modèle, et pensent sincèrement qu'il est possible et souhaitable de réussir la même chose sur le vieux sol européen.

Ils sont parvenus, parce qu'ils croient véritablement à leur message, à identifier idée fédérale et idée européenne, au point que critiquer celle-là revient grosso modo à attaquer celle-ci. Il s'agit là, toute révérence gardée, de ce que le dogmatisme est à la religion, pour ne même pas parler de la foi.

La comparaison n'est pas fortuite. L'histoire de l'Europe — on peut remonter jusqu'à Charlemagne — est celle de la création des nations, en réaction à des hégémonismes : Saint Empire puis, et surtout, papauté. Le schisme entre « Europe des patries » et « Europe supranationale » ne date pas d'hier. Sans parler, plus près de nous, des tentatives d'unifier par la force le continent européen, sous le joug nazi ou soviétique.

Je ne recherche pas la polémique. Mais je crois que nous n'avons, à propos de l'Europe, de leçon à recevoir de quiconque. S'il existe un jour une « Europe européenne », ce que je souhaite ardemment, c'est qu'on aura appliqué, *in fine*, la méthode que Winston Churchill recommandait dès l'origine, comme de Gaulle : la coopération entre les Etats. Si nous échouons, c'est que l'on aura voulu, malgré tout, imposer une conception intégriste de l'idée européenne, c'est-à-dire qu'on aura préféré le respect du dogme plutôt que le nombre de fidèles effectivement rassemblés. En effet, pour les tenants des Etats-Unis d'Europe, le degré d'intégration obtenu est plus important que le nombre de pays finalement réunis.

Inspirateur de l'Europe, Jean Monnet était un grand homme, mais c'était aussi un homme d'affaires. Je ne parle pas là de son intégrité, mais de sa vision des choses. Il a conçu l'idée de faire l'Europe sans les Européens. De bâtir des institutions, des organismes, des commissions, au lieu de commencer par le commencement, autrement dit le consentement des peuples. C'est ainsi que sont nés successivement la Communauté européenne du charbon et de l'acier, l'Euratom et le Marché commun.

Bien sûr, les institutions ont fonctionné et les progrès accomplis ne sont pas niables. Sont-ils pour autant, *ipso facto,* les seuls qui étaient envisageables ? N'en serions-nous pas plus loin si on avait fait ce que demandait le général de Gaulle dès 1949, texte dont je réclame la lecture attentive à tous ceux qui doutent encore de son message européen :

« ... Au sujet de l'organisation de l'Europe, je crois que l'on a fait vraiment fausse route. L'organisation de l'Europe est une chose énorme, extrêmement difficile et qui, à mon sens, implique un acte de foi populaire. Les institutions de l'Europe doivent naître des Européens, c'est-à-dire d'une manifestation démocratique, par le suffrage universel, des citoyens de l'Europe. » Et le général posait aux Européens trois questions :

— Voulez-vous qu'on fasse l'unité de l'Europe, notamment au point de vue de son économie, de sa culture et de sa défense ?

— Voulez-vous que l'on constitue un organe confédératif des peuples de l'Europe pour gérer cette unité ?

— Pour élaborer les institutions européennes, voulez-vous nommer une Assemblée ?

« Je suis convaincu, ajoutait-il, que si l'on posait aux peuples ces trois questions, on en tirerait deux avantages immenses. Le premier serait de créer parmi les Européens qui souffrent, qui se regardent les uns les autres, qui sentent confusément qu'en se mettant ensemble ils retrouveraient leur grandeur, leur sécurité, leur prospérité, une manifestation de volonté populaire vers l'union qui serait extrêmement importante. Le deuxième serait qu'on pourrait voir quels peuples veulent et lesquels ne veulent pas. Alors, on saurait à quoi s'en tenir et l'on pourrait commencer[1]. »

Pardon, mais à la lecture de ce texte, et à la lumière des événements qui sont survenus à l'Est, je me demande si ce n'est pas là, tout simplement, ce qu'il faudrait faire, si nous voulons éviter que se crée un fossé là où il y avait un mur. Si nous le voulons...

J'entends bondir les grands esprits. Un référendum, partout en Europe ! Voilà Pasqua qui recommence avec ses lubies, comme si ce n'était pas déjà assez compliqué comme ça. Il vaut mieux créer quelques institutions de plus, une banque, quelques milliers de technocrates supplémentaires. Et le sentiment européen viendra par surcroît.

Que des Européens aussi convaincus que Jean Boissonnat et bien d'autres expliquent que le résultat auquel nous arriverons, c'est de ne

1. *Discours et messages,* Editions Plon, tome II, p. 325.

réunir, à la fin, que cinq ou six Etats au sein d'une super-Communauté, rien n'y fait. C'est par la monnaie qu'on fera l'Europe : hors de cette vérité, point de salut.

Au risque de paraître iconoclaste, je ne partage pas du tout cet engouement. Non que l'idée d'une monnaie européenne me hérisse — encore faudrait-il qu'on nous en démontre l'intérêt autrement que par des arguments de pacotille, comme la suppression des commissions de change — mais il m'apparaît que l'on met ici aussi la charrue avant les bœufs.

Croire que l'on va créer un sentiment d'appartenance à partir de la monnaie est, à mon avis, une erreur. La France politique est, en gros, achevée à l'époque de Louis XIV, et il y circule et des monnaies locales et des monnaies étrangères, en plus de la monnaie royale. A l'inverse, l'existence d'une monnaie unique ne garantit en rien la pérennité d'un ensemble fédéral ou confédéral. L'exemple de l'ex-URSS est là pour le prouver.

Quant au dollar, qu'on nous cite en exemple de ce que serait une monnaie européenne, il me semble, à moins que je ne sois idiot, qu'il s'agit bien d'une monnaie nationale.

Rien ne démontre que l'union monétaire soit un préalable indispensable à l'union politique. La monnaie et la banque sont cependant tout à coup devenues l'alpha et l'oméga de toute réflexion sur l'Europe. Je n'ai pas ce fétichisme.

Je vais vous faire une confidence. Je ne suis pas un éminent spécialiste de ces problèmes, mais j'ai été chef d'entreprise, d'une entreprise qui importait sa matière première et qui exportait ses produits finis. Eh bien, j'ai l'intuition qu'on ne va pas tarder à s'apercevoir que nous allons perdre beaucoup de souplesse en passant du système monétaire européen actuel — qui est déjà contraignant — à la monnaie unique. Je crois que c'est ce que M. John Major a compris, lui, et que c'est la raison pour laquelle il a pris la précaution de pouvoir rester à l'écart, si son intuition se confirmait. Mais ne le répétez pas, je passerais encore pour un empêcheur de tourner en rond, ce qui ne me dérange pas trop, ou pour un anti-européen primaire, ce qui me chagrine davantage.

Jacques Delors se trompe de A à Z. Une fois encore, je ne dénigre pas ses intentions : l'auréole qui l'accompagne en permanence suffit à dissiper toute inquiétude. Mais l'homme est un sérieux récidiviste de la méprise. C'est tout de même quand il était ministre de l'Economie que la France a pris le contrepied de toutes les économies développées, qu'elle a nationalisé à tout va et que le chômage a commencé de s'envoler vers les trois millions

Je sais bien ce qui appartient, dans les consternantes années 1981-1983, respectivement à François Mitterrand et à Jacques Delors. Ce dernier, chacun le sait, n'était pas responsable. On lui doit même, paraît-il, le tournant de la rigueur. Dont acte.

On lui devra aussi, si rien ne vient corriger les choses d'ici peu, d'avoir, à la tête de la Commission de Bruxelles, engagé l'Europe dans la mauvaise direction, alors que tout appelait, depuis qu'en 1989 les peuples de l'Est se sont libérés du communisme, à lui donner sa véritable dimension, historique, géographique et politique.

Mais Jacques Delors est de ce genre d'automobilistes qui ne regardent pas la route, mais uniquement leur tableau de bord. Alors que la voie se dégage, qu'elle se libère, qu'on pourrait aller plus vite et plus loin, il ne s'intéresse qu'aux accessoires nouveaux dont il pourrait enjoliver son véhicule. Le mot « eurocrate » semble avoir été inventé pour lui.

L'Europe de Maastricht, on aurait pu la faire il y a dix ans, Brejnev et Honecker régnant. Elle m'apparaît, aujourd'hui, comme la ratification surannée d'une époque qui s'achève, et non comme l'acte fondateur de celle qui vient, dont je suis sûr qu'elle marquera le renouveau de la civilisation européenne, par son unité retrouvée. Quelle est donc cette Europe qui ignore celle de Dostoïevski, Chopin ou Kafka ?

Peu après le formidable espoir né à Prague, à Budapest, à Berlin, à Vilnius, à Moscou, il semble ne rester qu'une illusion. L'Europe — enfin ce que nous, nous appelons l'Europe — hésite, tarde à se séparer des certitudes tranquilles héritées de la guerre froide. Elle est déjà prête à renoncer à son ambition ultime, l'union de toutes les nations européennes, au profit de la fusion de quelques-unes de ces nations seulement.

Chacun perçoit bien l'alternative qui s'ouvre à l'Europe après qu'elle s'est libérée d'un demi-siècle de division, d'occupation et de dictatures. Soit elle efface son passé, soit elle le pérennise. Le sentiment, l'intérêt, l'opportunité commandent évidemment qu'elle l'efface en traçant immédiatement le cadre de son avenir commun. Ce n'est cependant pas la voie dans laquelle elle s'engage avec le traité de Maastricht.

Europe fédérale à Douze, voire moins, ou Confédération de l'Europe tout entière ? Voilà l'alternative, le choix le plus important que, de tout temps, les peuples européens aient eu à effectuer. Pourtant ce choix, enfin à notre portée, est escamoté, étouffé, truqué. Une véritable idéologie impose jour après jour ses postulats. En France tout au moins. On nous dit qu'on ne peut élargir l'Europe, avant de l'avoir « approfondie ». L' « approfondissement », c'est-à-dire l'Union économique et monétaire des Douze, ne nous est pas proposé comme un choix politique, mais comme une évidence que seuls quelques rêveurs ou quelques « fieffés nationalistes » auraient l'outrecuidance de contester.

Ce postulat ne résiste pas à l'analyse. D'abord parce qu'il contredit la façon même dont l'Europe des Douze s'est elle-même construite. Le noyau initial — les six pays signataires du traité de Rome — s'est progressivement élargi à neuf, en 1972, puis à dix et à douze dans les années 1980, avant de franchir en 1986 une première étape vers l'approfondissement, l'Acte unique.

Ni la Grèce, ni le Portugal, ni l'Irlande n'avaient, au moment de leur entrée dans le Marché commun, un niveau de développement économique, ni même souvent politique, comparable à la France ou à l'Allemagne par exemple. L'Espagne sortait de quarante années de franquisme. La Grèce, de la dictature des colonels. Elles ont d'ailleurs bénéficié d'une longue période de transition. Pour ces pays, l'adhésion a précédé et entraîné le développement économique et politique, et non pas l'inverse comme on semble aujourd'hui l'exiger des nouvelles démocraties d'Europe centrale et orientale.

Il nous faut rompre avec le raisonnement égoïste, nouveau, qui voudrait que l'union politique ne puisse procéder que d'une union économique préalable, syllogisme qui conduit tout naturellement à exclure les pays qui n'ont pas atteint un niveau de vie comparable au nôtre et, partant, à repousser à jamais l'union effective de toute l'Europe. De l'Atlantique à l'Oural.

Il faut cesser de mélanger les différents aspects de la question européenne — le politique, le militaire, l'économique — et restaurer la primauté du politique. Il n'est, pour s'en convaincre, que de voir comment l'Allemagne, en marche vers son unité, a eu raison de tous les obstacles et de tous les scepticismes, grâce à la volonté politique du Chancelier Kohl.

L'existence de l'Europe des Douze et l'acquis communautaire sont des données incontestables du nouveau paysage européen. Sans doute le rôle majeur dans l'édification de l'espace économique européen de demain reviendra-t-il à la CEE. Mais la construction politique est d'une autre nature : il faut avoir la lucidité de reconnaître que la logique politique de l'Europe à Douze s'est effondrée avec le Rideau de fer.

Sans pour autant renier ce qu'ils ont fait en commun depuis dix, vingt ou trente ans selon les cas, les Douze doivent maintenant avoir le courage de ne pas bloquer l'Histoire, de ne pas figer notre continent dans la configuration qui lui avait été imposée par la force et que les peuples, seuls, ont su bouleverser.

Le repliement de l'Europe sur elle-même, à Douze ou à moins encore, serait d'autant plus incompréhensible et insupportable qu'en matière d'union politique, tout reste à inventer.

Rien n'indique *a priori* que l'espace politique à imaginer doive reposer, comme certains semblent déjà s'y préparer, sur une superposition ou une juxtaposition d'institutions concurrentes. A l'évidence, chacune d'elles chercherait à avoir sa politique et ses alliances propres. Déjà, la création par l'Allemagne, la Pologne, les pays baltes et scandinaves, d'une Union baltique, préfigure cette évolution. Il n'y a qu'en France qu'on ne le voit pas. L'Allemagne, elle, joue son propre jeu.

Par leur absence d'audace, les schémas proposés ici ou là ne répondent en aucune manière aux enjeux du XXIe siècle. Parce qu'ils ne font que perpétuer ceux du XXe siècle, quand ils n'en reviennent pas tout bonnement à ceux du XIXe ! Une Europe « concentrique », en effet, ne serait que la pénalisation perpétuelle des nations que Yalta a abandonnées à Staline et la reconstitution de cette « Mitteleuropa » dont l'histoire, comme l'actualité, nous enseignent qu'elle est plus source de drames que d'espoir.

Se coulant paresseusement dans le moule de l'Alliance atlantique, laissant la Russie à l'écart du concert des nations européennes, auquel elle appartient de plein droit, cette Europe-là insulterait gravement l'avenir de notre continent.

Si les objectifs de l'union politique sont bien, comme je le pense, la paix à l'intérieur de nos frontières et la solidarité vis-à-vis de l'extérieur, alors la nécessité d'une seule et même institution politique s'impose.

L'union politique doit faire l'objet d'une création originale à partir d'un nouveau traité. Ce traité, instituant la Confédération européenne, doit être ouvert à tous les Etats européens membres de la CSCE, nouveaux Etats compris, tant il apparaît essentiel que les limites géographiques de l'union politique coïncident avec celles de la zone de sécurité collective souhaitée par tous.

C'est maintenant qu'il faut donner aux Européens le sens de leur destin commun. Le paradoxe le plus cruel serait qu'il soit paralysé par ceux-là mêmes qui prétendent le servir.

Faut-il en effet que nous soyons le nez collé sur notre nombril pour ne pas nous en apercevoir ? L'avenir se lève à l'Est. Ceux qui ont fait bouger le monde depuis dix ans s'appellent Soljenitsyne et Walesa, Gorbatchev et Jean-Paul II. Ce dernier surtout, dont l'élection marque, à mon sens, le début de tout. A ma connaissance, les papes n'obtiennent pas le Prix Nobel. Dommage. On devrait créer pour celui-ci le Nobel de l'Espérance.

Ces hommes-là, ces peuples-là, qui nous dominent de leur courage, nous avons aujourd'hui le front de les snober. Peu nous importe qu'ils se soient libérés tout seuls, sans que nous ayons bougé le petit doigt. Leur dignité nous indiffère. Seul critère de notre intérêt proclamé : qu'ils adoptent l'économie de marché. Le font-ils, à l'instar de la Pologne, avec tous les sacrifices que cela implique ? Cela n'est toujours pas suffisant. Il faudrait qu'ils aient déjà réussi, pour que nous leur entrouvrions la porte de notre citadelle.

Notre Europe est devenue pusillanime et falote ! Elle n'est même pas capable d'envisager d'entreprendre elle-même, et pour elle-même, ce que les Américains ont fait pour elle après la guerre, ce Plan Marshall auquel l'Europe de l'Ouest, en général, et l'Allemagne, en particulier, doivent leur prospérité actuelle.

Il est des lâchetés avec lesquelles, je l'espère, l'Histoire sera cruelle... Maastricht, morne plaine ! Rédaction de technocrates et de banquiers, quand il faudrait des bâtisseurs, des humanistes et des philanthropes, ou, au moins, des politiques, au sens noble du terme, à l'image de Charles de Gaulle dans son discours de Bonn, le 11 juin 1966 :

« Quand notre cathédrale sera faite, nous la tiendrons ouverte aux autres. Qui sait même si, avec eux, et dès lors que nous aurons pris le goût de bâtir, nous n'en construirons pas une plus grande et plus belle encore, l'union de l'Europe tout entière. »

IV

La part du rêve

La décolonisation est achevée, ou presque. La fin de l'empire soviétique, puis la dissolution de l'URSS, peut-être bientôt la décomposition de la Russie elle-même, c'est le dernier empire qui se désagrège, sans que l'on sache encore jusqu'où il refluera. On a la preuve que les constructions les plus impressionnantes n'étaient en fait que des poupées gigognes, des poupées russes justement. Ce que l'on redécouvre, c'est cette vérité éternelle que seul l'affrontement des idéologies avait pu, un temps, masquer : partout où il y a un peuple, il y a eu, il y a ou il y aura une patrie. Voyez les Tatars...

C'est à partir de cette réalité qu'il nous faut désormais réfléchir. Nous n'en avons pas encore pris l'exacte mesure. Nous connaissons le monde que nous quittons, mais nous n'apercevons pas bien celui dans lequel nous entrons. En revanche, nous savons déjà qu'il ne sera pas moins dangereux. Si un certain nombre de menaces ont disparu, elles ont été immédiatement remplacées par autant de risques. Or, chacun sait que si la menace peut être identifiée et dissuadée, le risque, lui, reste par nature imprévisible.

Ceci explique — nous le sentons tous au plus profond de nous-mêmes — cet étrange paradoxe : alors que nous aurions dû nous sentir soulagés de la disparition du plus implacable bloc totalitaire que le monde ait connu, applaudir au démantèlement de l'Armée Rouge, profiter de ces extraordinaires événements pour commencer à voir les choses différemment, nous n'avons eu de cesse de recréer psychologiquement l'antagonisme qui disparaissait dans les faits.

J'en vois un exemple frappant dans l'affaire des armes nucléaires de l'ex-armée soviétique. Alors qu'il y a dix ans, nous vivions sous la menace de milliers de SS 20, dirigés vers notre sol et celui de nos voisins, fusées dont le déclenchement était à la discrétion d'une poignée d'idéologues et de vieillards, nous y pensions à peine. Aujourd'hui que cette épée de Damoclès a disparu, nous nous inquiétons davantage de voir ces armes aux mains de dirigeants nouveaux, donc par définition inexpérimentés.

L'homme est ainsi fait : il a peur de la petite délinquance davantage que du crime organisé. Il est plus surprenant de voir les dirigeants de notre pays tomber dans le même travers. Il y avait bien quelque soulagement dans la voix de M. Mitterrand lisant la lettre de Ianaev, le soir du putsch de Moscou, en août dernier.

J'ai, pour ma part, comme de nombreux hommes politiques de l'opposition, noué des relations avec des responsables des nouvelles républiques de la CEI, la Communauté des Etats indépendants qui remplace l'ancienne URSS. Le Conseil général des Hauts-de-Seine que je préside a des projets de coopération avec ces pays. A Moscou, bien sûr, mais aussi à Alma-Ata, au Kazakhstan. J'y ai trouvé des hommes souvent extraordinaires, animés d'une foi intense, comme l'étaient, j'imagine, les hommes qui incarnaient, au XIXe siècle, contre les Empires, l'idée nationale italienne, hongroise ou polonaise. Je ne vois pas en eux des ennemis en puissance, bien au contraire, et je n'ai aucune nostalgie pour l'ordre ancien. Je crois que ce sont eux qui représentent l'avenir, et non pas la Sainte-Alliance des nantis. Celle qui nous est proposée.

Si je dis cela, c'est qu'il me semble que nous

ne sommes plus capables d'aucun élan du cœur, d'aucune passion pour quelque cause que ce soit. Il faut que nous ayons des dictateurs aussi caricaturaux que Saddam Hussein ou Ceausescu pour retrouver, l'espace d'un instant, l'envie de rendre le monde meilleur. Le reste du temps, le mur d'indifférence qui nous isole les uns des autres reprend le dessus.

Derrière chacun de ces peuples en qui nous devrions voir des frères, nous ne voyons que des nécessiteux. Dans un excellent essai sur *Le Nouveau Monde*[1], Pierre Lellouche analyse fort bien cette lassitude qui a saisi les pays développés. Il faut reconnaître que la liste des causes, toute plus urgentes les unes que les autres, est impressionnante. Je pense cependant que nous n'avons pas le choix. Je regrette que les peuples européens, et le peuple français en particulier, ne se sentent plus investis d'une mission universelle et paraissent vouloir laisser aux Etats-Unis, qui n'en demandent pas tant, le rôle de « bienfaiteur de l'humanité ». Mais si je le regrette, je ne m'en accommode pas. Parce que je suis sûr — tous ceux qui me connaissent reconnaîtront là une de mes idées les plus tenaces, que le développement des autres est la condition même de la survie de notre propre

1. Editions Grasset, 1992.

civilisation. Alors, à défaut de bons sentiments, ou à défaut de lucidité, ayons au moins l'intelligence de le comprendre : entre les pays riches et tous les autres, il n'y a pas, il n'y aura jamais, de ligne Maginot qui tienne ! Les Américains l'ont essayée, en dressant une barrière de barbelés le long de la frontière avec le Mexique. Cela n'a pas empêché plusieurs millions de « chicanos » d'entrer aux Etats-Unis. Les Américains, qui sont tout sauf figés, l'ont compris. Ils créent aujourd'hui un marché commun avec le Mexique.

On me dit que les Français ne sont pas disposés à entendre un tel langage. Je ne sais pas sur quoi se fonde cette certitude. Mais si tel était le cas, cela ne ferait que démontrer une chose : les lacunes ou la lâcheté de ceux qui ont le devoir de le leur expliquer. Car j'ai, moi, un tout autre sentiment et c'est un langage que je tiens habituellement. Et il me semble que les gens le comprennent. Je suis même persuadé qu'ils le comprendront bientôt davantage encore. Tout conduit en effet à penser que, si les pays du Nord ne sont pas capables, dans un bref délai, de mettre en place une véritable « Alliance pour le développement », nous serons peu à peu submergés. Voilà ce que nous devons maintenant expliquer à nos opinions, même s'il apparaît plus « rentable », à court terme, de les entretenir dans l'illusion bien ancrée des vertus de l'impérissable doctrine d'André Maginot.

Premier constat, qui va bouleverser l'état du monde : la disparition de la rivalité Est-Ouest et la fin des blocs ; du même coup la quasi-totalité des pays du monde recouvrent leur liberté d'action.

Jusque-là, la plupart de ces pays appartenaient à un bloc ou à un autre, sauf un petit nombre d'entre eux qu'on appelait précisément les « non-alignés ». Ils étaient l'enjeu de la guerre d'influence, quelquefois guerre tout court, que se livraient les Etats-Unis et l'Union soviétique. D'une certaine façon, cette rivalité figeait la carte du monde et, en tout cas, annihilait toute volonté propre des pays du Sud, toujours soupçonnés d'être manipulés par l'un ou l'autre camp.

Cette époque est révolue. On a dit, à mon avis à juste titre, que la guerre du Golfe était la première conflagration du Nord et du Sud. C'était surtout la première manifestation de l'autonomie stratégique que sont en train de conquérir les Etats jusqu'ici maintenus dans la subordination à un bloc. Que Saddam Hussein se soit trompé sur la réaction des Occidentaux après l'invasion du Koweït n'enlève rien à la pertinence de son analyse : l'effacement de l'Union soviétique lui donnait les mains libres pour une entreprise qui, auparavant, aurait été jugée téléguidée par Moscou. A cette occasion, certains, en France même, ont été jusqu'à voir en Saddam Hussein l'émule de Kemal Atatürk, voire de Bonaparte ! L'expansionnisme irakien leur paraissait le comble de la modernité, puisque le dictateur de Bagdad était le premier à tirer les enseignements de la nouvelle configuration du monde et à essayer d'en tirer, sans vergogne, un bénéfice immédiat.

C'est à ce signe qu'on reconnaît les idéologues : ils trouvent toujours des qualités à ceux qui, dans le camp d'en face, leur paraissent animés par la même idéologie qu'eux. Les patriotes, eux, font toujours leur la devise de Winston Churchill : « *Right or wrong, this is my country.* » C'est mon pays, qu'il ait raison ou qu'il ait tort.

Il n'en reste pas moins que la guerre du Golfe est bien le signe annonciateur d'une ère nouvelle. Tous ceux que les relations internationales intéressent savent bien qu'il y a aujourd'hui, de par le monde, une dizaine d'Etats au moins qui ne se satisfont pas des frontières, ou des ressources, que l'Histoire leur a données, surtout quand elles sont le résultat d'une décolonisation somme toute récente. Nous savons que nombre de ces pays ont, ou auront sous peu, la maîtrise d'armements nucléaires. Sans atteindre la mégalomanie de Saddam Hussein, on peut craindre dans un proche avenir que des dirigeants de ces pays ne soient tentés d'utiliser la force pour accroître leur domaine. Il va falloir nous habituer à vivre avec la prolifération des risques.

Voici pourquoi je suis un ferme partisan du renforcement du rôle des Nations Unies. Ce que l'on a appelé, peut-être un peu hâtivement, le « nouvel ordre mondial » au lendemain de la guerre du Golfe, me semble reposer sur une idée-force : le respect de l'intégrité territoriale des Etats membres par les autres Etats membres.

Ce que Saddam Hussein, tout à sa razzia, n'avait sans doute pas remarqué, c'est que l'Irak était, depuis Yalta, le premier pays à tenter d'en annexer un autre, purement et simplement. Certes, il y avait eu, depuis 1945, de nombreuses invasions ou occupations : comment ne pas penser à l'Afghanistan, au Cambodge, ou au Liban. Mais ces actions étaient toujours « habillées » de prétextes, les forces d'invasion répondant à « l'appel » de mouvements de résistance, de partis frères ou de gouvernements de circonstance. De plus, elles ont toujours conservé la fiction de l'existence des pays en question.

Vouloir rayer un pays de la carte, voilà l'erreur qu'a commise l'Irak, ce qui explique, à mon sens, le nombre des petits pays qui se sont mobilisés contre Saddam Hussein aux côtés des Occidentaux. L'ONU, à cette occasion, a entamé sa renaissance, qui se confirme depuis au Cambodge par exemple.

Ce qui me fait penser que les Nations Unies doivent devenir le lieu privilégié de ce nouvel ordre mondial — il en faut bien un — c'est que l'ONU est un organisme international et non supranational. J'y vois la condition *sine qua non* de tout espoir de réussite. L'ONU exprime la volonté des nations qui la composent et n'agit qu'en leur nom. C'est à tort que, pendant la guerre du Golfe, on nous présentait la France comme appliquant les directives de l'ONU. C'est cette dernière qui traduisait la détermination des Etats membres, dont la France.

International ou supranational? La querelle n'est pas sémantique. Je pense même que c'est de ce choix, quel que soit l'horizon où nous portons notre regard, que dépend le succès ou l'échec de nos politiques, en Europe comme ailleurs.

Depuis 1945, les doctrines, opposées mais en fait complémentaires, occidentale comme soviétique, ont prétendu assurer l'ordre mondial par la domination des plus puissants. La tentation existe aujourd'hui d'y substituer celle des plus riches. Cette tentation — qu'illustre l'influence grandissante du groupe dit « G 7 » — me semble encore plus lourde de danger et plus génératrice de désordres que la précédente. L'idée d'un Directoire mondial assuré par les nations les plus riches ne peut en effet qu'exacerber les tensions entre celles-ci — sept cents millions d'hommes —, et toutes les autres, qui compteront sept milliards d'hommes en l'an 2000.

C'est, à mon sens, le défi majeur de cette fin de siècle. 10 % de la population mondiale va bientôt accaparer l'essentiel des richesses. En face, tous ceux que Pierre Lellouche appelle « la planète des pauvres » — Afrique, Amérique latine, Asie, Europe de l'Est — 90 % des êtres humains. Et, répétons-le, la fin d'un équilibre mondial, aussi injuste fût-il, qui freinait l'inéluctable poussée de ces peuples vers les îlots de prospérité que représentent nos pays.

Je le dis avec d'autres, depuis longtemps : les problèmes de l'immigration ne sont pas derrière nous, mais devant nous. Et il me semble que ni la France ni l'Europe n'ont la moindre volonté politique de regarder ce problème en face et de mettre en place une politique d'aide au développement qui soit à la mesure des enjeux.

Un seul chiffre, qui devrait nous donner à réfléchir : l'Afrique représentera bientôt 15 %, puis 20 % de la population mondiale, contre 7 % pour l'Europe (hors ex-URSS). Trois fois plus d'Africains que d'Européens dans vingt-cinq ans, alors qu'il y en a aujourd'hui sensiblement autant (550 millions d'Africains, pour 500 millions d'Européens en 1985 ; 1,5 milliard d'Africains pour toujours 500 millions d'Européens environ en l'an 2015, selon l'ONU).

Voilà la mesure du problème : en changeant de dimension, il est en train de changer de nature. Et il nous faut bien prendre conscience que c'est à nos portes mêmes que l'explosion démographique est la plus spectaculaire. Les pays du Nord de l'Afrique — du Caire à Rabat —, qui comptent aujourd'hui 125 millions d'habitants, soit la population de la France et de l'Italie réunies, en auront 300 millions dans 25 ans, soit à peu près la population de toute l'Europe des Douze ! Il est inutile de préciser où se trouvera la population la plus jeune, et de très loin. Inutile aussi d'ajouter que, dans le même temps, l'écart de richesse ira aussi croissant, dans la même proportion. Il y aura trois fois plus de jeunes Maghrébins en l'an 2000, et ils seront deux fois moins « riches » qu'aujourd'hui.

C'est là que la question de l'immigration se pose en termes nouveaux. Jusqu'à un passé récent, l'immigration en France était une importation de soldats et de main-d'œuvre; pour celle provenant d'Afrique, elle était la conséquence de la colonisation, puis des liens toujours existant entre la France et ses anciennes possessions. Disons que nous en avions sans doute mal mesuré les effets, mais que c'était une politique voulue par la France, puisque commandée par ses besoins militaires et économiques.

Cette réalité a commencé de s'inverser il y a dix ans. L'immigration est devenue un phénomène subi — clandestin — mais encore perçu par toute une partie des Français comme un « débordement » de la politique précédente, et non comme l'amorce d'un mouvement nouveau. C'est pourtant de cela, malheureusement, qu'il s'agit. Nous vivons les premiers effets de l'énorme pression migratoire à laquelle il faut nous attendre et nous préparer, et non pas une « queue de comète » de notre histoire coloniale, que des mesures de police pourraient suffire à juguler.

Les bons sentiments ne font pas une politique. Les mauvais non plus, d'ailleurs. Ce n'est donc pas sur ce terrain qu'il convient de situer un débat aussi crucial. Il ne s'agit plus là de tiers-mondisme, cet absurde avatar de l'internationalisme marxiste, qui a causé tant de tort à toutes les tentatives sérieuses et responsables de coopération et d'aide au développement. Il s'agit de notre intérêt national bien pesé.

On peut, bien sûr, comme l'essentiel de la classe politique, comme le gouvernement, comme la Commission de Bruxelles, fermer les yeux, se boucher les oreilles et pratiquer, dans un lâche consensus, la politique de l'autruche. Après tout, croit-on, la majeure partie des opinions publiques vit encore dans l'illusion que l'immigration est la conséquence des politiques précédentes et n'a pas compris que nous avions un problème nouveau en face de nous. Et puis, c'est vrai, le pire n'est jamais sûr. A quoi bon affoler les populations ?

Je suis, moi, persuadé que les opinions publiques, les Français en particulier, ont senti l'enjeu bien avant les politiques, et que, lorsqu'ils placent l'immigration en tête de leurs préoccupations, ils veulent parler tout autant de l'immigration à venir que de celle qu'ils connaissent déjà. Et, s'ils nous sanctionnent en votant Le Pen, ce n'est pas qu'ils croient que ce dernier ait la moindre ébauche d'une solution crédible, c'est qu'ils pensent que nous n'en avons pas non plus, ou que nous n'osons pas aborder de front le problème dans toute son ampleur. Ils n'ont pas tout à fait tort.

Il faut cependant que nous soyons capables de surmonter notre prudence. Car, dans ce cas-là, les recettes du docteur Queuille nous conduisent tout droit au désastre. Désastre pour le pays, ce qui devrait en concerner quelques-uns. Désastre électoral, ce qui devrait en motiver beaucoup plus.

J'ai évoqué, au chapitre II, les mesures que j'avais proposées et que le Sénat a adoptées pour maîtriser l'immigration que nous connaissons. Le lecteur aura compris que ces dispositions, pour nécessaires et urgentes qu'elles soient, ne serviront pas à grand-chose si nous ne mettons pas en œuvre une véritable politique, nationale, européenne et internationale, d'aide au développement. J'avoue que j'ai du mal à comprendre pourquoi la France et l'Europe n'ont pas une action beaucoup plus volontariste dans ce domaine, particulièrement en Afrique. J'aime l'Afrique et je la connais. Je connais ces pays, leurs maux endémiques, dont la corruption n'est pas le moindre. Je connais les exemples des universités ensablées et des usines abandonnées à l'érosion à peine livrées.

Mais je suis de ceux à qui leurs maîtres ont enseigné que la difficulté de réussir ajoutait à la nécessité d'entreprendre. J'ai modestement, au titre du département des Hauts-de-Seine, entrepris une action de coopération avec le Cameroun, le Burkina-Faso et le Gabon. Dotée de moyens limités, cette coopération porte ses premiers fruits. Des écoles, des dispensaires, mais aussi des emplois ont déjà été créés. Nous y consacrons l'équivalent de 1 % de notre budget départemental grâce aussi à la participation désintéressée de grandes entreprises. Il me semble que ce pourcentage est le plancher de ce que les pays européens devraient consacrer au développement de l'Afrique. 1 % de leur PNB, je le précise, et non de leurs dépenses publiques. Je ne suis même pas sûr qu'un tel investissement, car c'est bien d'investissement qu'il s'agit, suffise à stabiliser le sous-développement du continent africain. Je suis certain qu'il nous permettrait d'imposer aux pays africains, en échange, une politique plus maîtrisée de leur émigration.

Rien que pour la France, cela représenterait 50 à 60 milliards de francs par an. Bien entendu, il s'agit là d'un investissement global, public et privé, direct ou indirect, par exemple par l'abandon de créances, à condition que celles-ci soient transformées en dépenses sur place, d'infrastructures, de formation ou de création d'emplois. Tout franc abandonné doit être retrouvé. Il y a là, à mon avis, les conditions d'un effacement de la dette des pays africains qui s'inspire d'une vision d'avenir et non pas simplement de considérations, soit financières et inhumaines, soit charitables et inefficaces.

Quant à l'Europe, elle a depuis longtemps fait la preuve de son incompréhension du problème. Les technocrates de Bruxelles ne voient rien venir. Leur seule obsession est d'harmoniser. Or il n'y a, en l'espèce, pas grand-chose à harmoniser. La Commission de Bruxelles se contente dès lors d'habiller son incompétence sous de pompeuses et trompeuses conventions avec les pays d'Afrique, du Pacifique et des Caraïbes — les Caraïbes, oui, vous avez bien lu — qui sont en fait un émiettement d'une aide sans grande consistance.

Rien n'y fait. L'Europe a décidé d'ignorer autant que faire se peut le drame africain. Le traité de Maastricht, déjà fort discret sur l'Europe de l'Est, ne parle même plus de l'Afrique. Les gouvernants ont démissionné. L'Afrique ? Connais pas !

Le retour de bâton sera à la hauteur de cet abandon. Les Etats-Unis et le Japon ont vu, eux, qu'ils ne pouvaient laisser s'installer, dans leur environnement immédiat, des zones de sous-développement économique et de poussée démographique conjugués. Nous, nous ne l'avons pas compris. La France, qui est le pays le plus intimement lié à l'Afrique, le pays dont la langue est la plus parlée dans ce continent, commet une erreur suicidaire en l'abandonnant à son sort.

Certes, l'effort qu'il faut entreprendre, elle ne peut l'assumer toute seule. Il lui faut donc convaincre ses partenaires européens de la suivre sur ce terrain, et, si nécessaire, les y contraindre. Rien n'est plus important.

J'ai intitulé ce chapitre « la part du rêve », mais j'ai conscience, en le relisant, de décrire plutôt un scénario de cauchemar. Je n'ai pourtant aucune intention de dramatiser les choses, pour produire un effet que nul ne maîtriserait. J'ai simplement l'impression que si rien n'est fait rapidement, nous laisserons à ceux qui nous suivent une situation intenable — ingérable, diraient les technocrates — bref que nous aurions failli à notre mission : rendre notre pays dans l'état dans lequel nous l'avons trouvé, à tout le moins.

Je n'ai jamais désespéré des Français. Ils ont fait de grandes choses et aussi des moins glorieuses. Ils ont donné le meilleur d'eux-mêmes, lorsqu'ils ont suivi ceux qui leur réclamaient l'impossible.

Voilà la part du rêve. Ou de l'idéal, si l'on préfère.

V

Le bonheur dans vingt ans ?

J'ai vibré l'an dernier, comme tout le monde, à la victoire historique de la France dans la finale de la Coupe Davis. Forget, Leconte, Noah ont été applaudis et fêtés comme il convient. Mais il y avait aussi, sur le banc de touche, un entraîneur qui, m'a-t-on dit, avait pour unique mission de donner le moral aux joueurs. Il se nomme Jean-Claude Perrin, je crois, et entraînait naguère les perchistes français, quand ils étaient les meilleurs du monde.

C'est un Monsieur Perrin qu'il faut à la France, parce que ce qui lui manque, ces temps-ci, c'est le moral, et pas grand-chose d'autre. Et si nous voulons que notre pays soit capable d'accomplir les tâches urgentes et impérieuses qui l'attendent, il va bien falloir s'attaquer au mal qui le ronge, cette perte de confiance en lui-même qui l'incline à tous les égarements et, surtout, le met à la merci de la volonté des autres.

Pour parler comme Jean-Claude Perrin, la France est aujourd'hui désunie, ainsi qu'on le dit d'un sportif qui n'arrive plus à coordonner ses gestes, son rythme et sa volonté. On sait ce qui attend généralement cet athlète. Or la compétition internationale n'est pas moins féroce que la sportive. Je ne suis même pas sûr que le *fair-play* y ait quelque place...

Nous n'avons rien à attendre des autres. Il faut nous pénétrer à nouveau de cette vérité éternelle, qu'aucune construction, aussi souhaitable soit-elle, ne viendra infirmer. Même dans un Etat fédéral — pour ceux qui l'appellent de leurs vœux en Europe, dont je ne suis pas — il n'est pas indifférent aux hommes que la richesse se crée ici plutôt que là. Croit-on qu'aux Etats-Unis, les habitants du Michigan ou de l'Illinois se satisfassent de ce que leur Etat périclite alors que prospèrent la Californie ou le Texas ? Et, pourtant, les Américains n'ont pas de réticence à changer d'Etat plusieurs fois dans leur existence, alors que je doute fort que les Européens le fassent aussi facilement.

Serions-nous, demain ou après-demain, tous en Europe porteurs du même passeport, utilisant la même monnaie, ayant le même gouvernement, que nous n'en vivrions pas moins à

Poitiers, à Bologne, à Leipzig, ou à Porto. Il ne serait pas neutre, sauf pour les statistiques de la Banque mondiale, que l'emploi, le logement, la culture, se développent sur notre territoire plutôt que sur celui de nos voisins.

Cette évidence doit être rappelée, martelée s'il le faut, même si elle apparaît à certains du dernier Béotien. Il faut que se crée — et Dieu sait s'il y a du chemin à faire — une solidarité européenne vis-à-vis de l'extérieur, du Japon comme des Etats-Unis. Mais cette nécessité ne doit pas occulter une autre réalité : à l'intérieur d'un même ensemble, il s'agit et il s'agira toujours d'une compétition entre les nations.

En veut-on un exemple? Airbus est une grande réussite de l'Europe (d'une politique de coopération entre Etats, comme Ariane, soit dit en passant, et non pas d'une politique intégrée : la Commission de Bruxelles n'a rien à voir là-dedans). Mais, vu de Toulouse, si l'adversaire, c'est Boeing, le concurrent, c'est l'avionneur allemand MBB, qui souhaite augmenter sa part dans la construction des Airbus au détriment de la charge de travail de l'Aérospatiale. Chacun voit midi à sa fenêtre.

Cette vérité n'est pas nouvelle. Elle est d'ailleurs la justification de l'action politique, telle qu'on la conçoit en France depuis des lustres : discerner, et parfois imposer, l'intérêt général aux intérêts particuliers. Les Français l'ont toujours compris et, à de rares exceptions près, accepté.

Il me paraît grave de constater aujourd'hui que ce qui fondait et légitimait cette nécessité de l'action publique — la perception d'un destin commun pour tous les Français — est en train de se déliter. Le sentiment est en train de poindre que les Français n'ont plus, globalement, les mêmes intérêts. Il y aurait autant de fenêtres que de Français.

Les marxistes, s'il y en a encore, me riront au nez. Pour eux, je suis en train d'enfoncer une porte ouverte de tout temps. C'est depuis l'aube de l'humanité que les intérêts des riches et des pauvres, des exploitants et des exploités, divergent radicalement. *Quid novi sub sole ?*

J'ai toujours eu, on s'en doute, une analyse différente. Je crois que les Français avaient, quelles que soient leurs opinions affichées, le sentiment que le progrès général du pays, son expansion, profitaient — inégalement sans doute, mais profitaient quand même — à tout le monde. C'est cette idée qui s'est brisée ces dernières années, j'en ai la conviction.

Là est la vraie raison de ce « mal à l'âme » qui a saisi le pays, parce que cette idée — appelez-la égalité si vous êtes à gauche, justice si vous êtes de droite — faisait partie, toutes philosophies ou opinions rassemblées, tous partis politiques confondus, d'une même conception de la France : la République, tout simplement.

Je date cette fracture de l'apparition des « nouveaux pauvres », avec les Restaurants du Cœur de Coluche et le retour de l'abbé Pierre, trente ans après. La différence, c'est qu'en 1954, la France, en pleine reconstruction, découvrait qu'il restait des sans-abri, surtout des vieillards, alors qu'en 1984, elle qui se croyait en social-démocratie s'est aperçue qu'elle fabriquait des dizaines de milliers de nouveaux exclus, d'abord parmi les plus jeunes.

Chômeurs de longue durée, RMIstes et jeunes qui errent de petit boulot en stage-parking, ils sont aujourd'hui plusieurs millions, « demi-soldes » du socialisme, mais, à la différence des soldats de l'Empereur, sans souvenirs et sans espoir. Il y eut, un jour, un titre du journal *Libération* qui a dû siffler aux oreilles des dirigeants socialistes : « Les pauvres gagnent... du terrain. »

Dans un autre monde vivent aujourd'hui ceux qui ont pu négocier, à la même époque, le « tournant de la rigueur » dans le bon sens. Je veux parler, par exemple, des Français qui ont la chance de pouvoir disposer d'un capital. Pour payer deux années de gabegie, et malgré trois dévaluations successives, le gouvernement s'est alors engagé dans une politique, pompeusement baptisée « désinflation compétitive », mais que le bon sens populaire pourrait résumer ainsi : « L'argent va à l'argent. » Autant dire qu'il ne va plus ni à l'investissement productif, ni aux salaires, ni à l'emploi.

La raison en est connue. Nous payons très cher — les taux d'intérêt réels, en France, sont les plus élevés de toute l'histoire du capitalisme et les plus hauts du monde — notre crédibilité sur les marchés monétaires internationaux : chat échaudé craint l'eau froide. Comme aux mauvais conducteurs, on fait payer à la France un « malus ». La politique dite du « franc fort » n'est pas autre chose que le règlement de cette surprime.

Cela, tout le monde l'a compris. Certains s'en félicitent, comme les détenteurs de capitaux qui encaissent une rémunération inespérée, qu'aucun investissement productif ne pourrait approcher. D'autres s'en accommodent : ils jugent que la France paie ainsi son ticket d'entrée dans le « Club des pays vertueux » et que cette amende est en fait un investissement à long terme. La plupart des Français s'en désolent, pensant que cet effort se fait au prix d'un éclatement de notre tissu social, sans que les résultats soient au rendez-vous, quelque dix ans après.

Attendez, et vous verrez, proclament les thuriféraires de l'ordre monétaire. Avec l'ardeur des nouveaux convertis, ils interprètent chaque signe, fût-il le plus funeste, comme annonciateur de lendemains radieux. Mille chômeurs de plus par jour, parfait ! Voilà le signe que notre économie est en train de se purger des mauvaises habitudes, qui consistaient à donner un emploi aux gens quand il n'y avait pas de travail pour eux. Encore un effort, et la situation sera complètement assainie. Il y a du Diafoirus chez Pierre Bérégovoy. Nous allons mourir guéris.

Je ne me livre pas à une polémique de circonstance. J'avais déjà eu l'occasion, en 1979, dans un article publié dans *Le Matin de Paris,* aujourd'hui disparu, de contester cet ultra-libéralisme. Il professe que la prospérité du plus grand nombre ne peut s'obtenir qu'au prix de la marginalisation d'une part croissante de la population — compétition internationale oblige.

Georges Pompidou, dont je n'étais pas un intime, nous avait dit un jour : « Voyez-vous, le rôle du président de la République, c'est de faire que tous les Français prennent le même train. » Nous parlions de l'avortement, qui était alors la revendication phare de toute une certaine intelligentsia. Le président Pompidou, qui se déclarait personnellement favorable à ce droit, pensait qu'il était prématuré de le rendre légal, ce qui aurait été ressenti par une grande partie de la population comme une provocation. Sa réflexion m'est restée en mémoire et je ne suis pas sûr que François Mitterrand ait une conception aussi limpide de sa fonction.

« Le même train » ? Plusieurs classes à l'arrivée, c'est la loi de la vie, à condition que tous aient la possibilité de pouvoir y monter. Mais, plusieurs vitesses, c'est incompatible. Or, c'est bien ce qui se passe.

Une France à trois vitesses, ce ne sera plus une seule France, mais bientôt trois. Trois populations pour lesquelles les chances, les références, les solidarités ne seront plus communes, mais séparées, puis indépendantes.

Alors, il faut un peu hausser le ton. Non, il n'existe pas de nouvelles Tables de la Loi, qui condamneraient les uns à l'exclusion, le plus grand nombre à la stagnation, et les mieux nantis à l'enrichissement sans fin. Car les meilleurs experts ont rendu leur verdict : rien ne prouve que cette politique fonctionne. Tout laisse à craindre, au contraire, qu'elle produira toujours les mêmes effets, en les aggravant d'année en année. L'investissement et l'emploi ne suivent pas, et tout conduit à penser qu'ils ne suivront jamais pour une simple et bonne raison : si on veut encaisser le bénéfice que permet le taux de change artificiellement élevé du franc, il est préférable de l'investir à l'étranger.

Pour prendre une comparaison, on sait que les touristes américains sont plus nombreux en Europe quand le dollar est haut, puisque leurs vacances leur reviennent moins cher. C'est très exactement la même chose pour les entreprises : le franc fort les incite à investir ailleurs. Voilà pourquoi, alors que les investissements en France se dégradent de près de 10 % chaque année, la France est devenue, dans le même temps, le premier racheteur d'entreprises au monde, devant les Etats-Unis et le Japon !

Je m'étonne que certains, dans nos propres rangs, puissent soutenir eux aussi « qu'il n'y a pas d'autre politique possible » !

S'il est toujours vrai, selon le célèbre théorème d'Helmut Schmidt, que les profits d'aujourd'hui font les investissements de demain et les emplois d'après-demain, rien n'oblige plus, dans nos économies devenues sans frontières, à ce que les profits, les investissements et les emplois soient indissolublement liés au même territoire national. Telle est la conséquence de l'internationalisation de l'économie, et donc de l'activité des entreprises. Nous n'avons aucune raison de le déplorer. Mais nous n'avons aucune raison non plus de jouer contre notre propre camp. Le « franc fort » favorise l'investissement « délocalisé », pour prendre un terme à la mode. A moins que l'investisseur français ne soit exagérément vertueux.

On peut craindre, avec de nombreux spécialistes, qu'une monnaie unique européenne n'accentue cette tendance, si l'on fait de son taux de change avec les autres grandes monnaies le seul critère de sa gestion, comme semble l'exiger la Bundesbank. Une monnaie forte n'est pas une fin en soi. Ce doit être un résultat, non un objectif.

Il va nous falloir prendre conscience d'une évidence que les séquelles des affrontements idéologiques du passé — socialisme contre capitalisme — nous empêchent encore de discerner clairement : les intérêts des entreprises et ceux des nations ne coïncident plus nécessairement.

Qu'on ne croie pas que je cherche à faire aux entreprises un procès quelconque. J'ai toujours été et je reste plus que jamais partisan, pour celles-ci, de la plus grande liberté. L'entreprise est une entité économique qui doit s'adapter à son marché, en conquérir de nouveaux et donc, par nature, s'internationaliser si telle est — et telle est bien de plus en plus — la condition de son développement. Que cette nécessité la conduise à investir et à produire ailleurs que dans son pays d'origine me semble tout aussi naturel.

Mais — que les entrepreneurs me pardonnent si mon propos les choque, car il est vrai qu'ils ont été si longtemps accusés de tous les maux qu'ils ont le droit de garder quelque susceptibilité — cela ne peut pas nous être indifférent, à nous qui avons pour mission de sauvegarder et, si possible, de développer ce petit territoire de 551 000 km^2, qui s'appelle la France. Même si elle est présente sur tous les continents, grâce à ses Départements et Territoires d'Outre-Mer, la France reste, elle, une entité géographique qui ne peut, par nature, s'internationaliser. Tant que nous n'aurons pas assimilé cette nouvelle réalité, nous n'aurons jamais, en ce qui concerne le chômage, le bon diagnostic.

Mais, comme toujours, d'une même analyse, on peut tirer des conclusions toutes différentes. L'erreur serait d'en conclure à la nécessité d'un nouveau dirigisme, qui reviendrait à nier la réalité du monde d'aujourd'hui. La bonne solution, à mon sens, est de prendre acte de cette réalité, et d'en tirer les conséquences en orientant l'action publique vers ce qui peut maintenir sur notre territoire — et y attirer — les créateurs de richesses et d'emplois : le meilleur rapport qualité/prix, pour reprendre la pertinente expression de l'économiste Anton Brender.

Voilà, me semble-t-il, une grille de lecture qui nous permettrait de mieux juger de la validité de nos interventions et d'en finir avec la confusion des genres, spécialité bien française que les socialistes ont portée au plus haut niveau d'absurdité.

L'illustration la plus frappante en est apportée par ces entreprises dites « nationalisées » qui, comme Pechiney ou Rhône-Poulenc, comptent parmi les plus internationalisées qui soient. Rhône-Poulenc, entreprise *privée* en 1980, employait les deux tiers de son personnel en France. Rhône-Poulenc, entreprise *publique* en 1991, n'en emploie plus que 40 % ! Cherchez la contradiction ! La faute n'en revient pas à Rhône-Poulenc, qui fait son métier d'entreprise, mais à l'Etat, qui se trompe de métier.

La cause est aujourd'hui entendue : c'est l'entreprise et elle seule qui crée les richesses et les emplois. Il convient donc de la laisser libre de ses choix et de sa stratégie de développement. C'est pourquoi je suis favorable à la privatisation totale et rapide des entreprises contrôlées par l'Etat, puisque la réalité, en plus de mes convictions profondes, nous prouve qu'il est illusoire, sauf à les handicaper, de les contraindre à une conception autarcique de leur activité, quand leur environnement est mondial.

Je ne renonce pas pour autant à l'intervention de la puissance publique, tout au contraire. Je le répète au risque de lasser : si le marché est mondial, le territoire reste national. C'est ce territoire qu'il faut donc mettre en valeur, avec tout l'investissement que cela nécessite, pour la formation des hommes, la qualité des infrastructures, et, surtout, la cohésion sociale. Les recettes des privatisations devraient être consacrées à cette priorité nationale.

Il y a une idée reçue à laquelle il faut tordre le cou. Le prix de la main-d'œuvre n'est pas, et de beaucoup, le critère primordial dans la décision d'une entreprise d'investir ici plutôt qu'ailleurs. C'est sans doute le cas pour la fabrication des tee-shirts, ou de tout produit qui nécessite une main-d'œuvre sous-qualifiée. Mais je ne pense pas que ce soit dans cette direction que doive s'orienter l'économie de notre pays. Pour toute autre production, ou pour tout autre service, il me semble que l'entreprise recherche davantage la sécurité de son investissement et la qualité du travail, qu'une rentabilité immédiate et ponctuelle.

Dans un livre peu remarqué — dommage ! —, Anton Brender[1] démontre que les pays « vendent » leur travail d'autant plus cher qu'ils sont développés et que, pour une large part, ce développement est intrinsèquement lié à une harmonie sociale meilleure que chez les autres. Pour cet économiste — il n'est pas le seul, loin de là — la politique sociale est un « plus », quasiment un argument de vente. Qu'on me permette de le citer : « Le progrès social est né en Europe, au siècle dernier. la guerre de mouvement dont les échanges internationaux sont un peu plus chaque jour le terrain, a été inventée ailleurs. Peu importe. Nous ne pouvons espérer rester nous-mêmes, ni en restant à l'écart, ni en reculant sur nos exigences sociales. »

Nous voilà bien loin du conservatisme ambiant, qui voudrait que nous nous alignions progressivement sur le modèle social coréen, taiwanais ou même japonais, où toute une population précarisée, sans protection sociale,

1. *Le Choc des Nations*, Editions Hatier.

de travailleurs à domicile, fait « l'accordéon », c'est-à-dire qu'elle travaille en fonction du plan de charge des entreprises, un mois oui, un mois non. L'organisation et les traditions de ces pays leur autorisent une telle élasticité, du moins pour le moment. Je ne vois pas — et, de toute façon, je ne le souhaite pas — qu'une telle configuration soit possible dans notre pays. Je pense, au contraire, que c'est en renforçant notre cohésion sociale que nous attirerons l'investisseur, qui voit à long terme. Peut-être y perdrons-nous quelques spéculateurs. Tant pis. Ou tant mieux.

Le social n'est pas une obligation, mais un investissement. De Gaulle l'avait compris, avec la participation. Les succès de l'Allemagne, depuis, prouvent la justesse de son intuition. Mais l'idée, outre qu'elle venait au mauvais moment, était sans doute mal présentée. Il n'y a pas de troisième voie, hybride, entre l'économie libérale et l'économie socialiste. Il y a le marché d'une part et la politique d'autre part.

A celui-là, la création des richesses ; à celle-ci, leur juste répartition.

C'est là où le bât blesse. Depuis près de dix ans, les salariés supportent l'essentiel de l'effort entrepris, au prix d'une diminution de leur salaire réel d'environ 6 %, alors que la richesse nationale a augmenté, dans la même période, de 21 %. Ils l'ont accepté, puisqu'on leur expliquait que c'était la clé de la compétitivité retrouvée de notre économie. La rigueur, ce sont eux essentiellement qui l'ont financée. Or, au bout de dix ans, les résultats ne sont toujours pas au rendez-vous, alors que la réduction de leur pouvoir d'achat, elle, est bien réelle.

Alors, quoi ? le bonheur dans vingt ans ?

La vérité est que la politique qui pénalise les salaires, pour être plus insidieuse que celle qui s'attaque aux profits, est tout aussi technocratique. Les salaires ne sont pas responsables de l'inflation, c'est tout le contraire. Les économistes les plus libéraux en sont convaincus, à l'instar de Milton Friedman, qui recommande, lui, d'en revenir à « l'échelle mobile », c'est-à-dire à l'ajustement des salaires sur les prix. Tant il lui semble que l'inflation n'est pas provoquée par un dérapage des prix et des salaires — c'est une redondance — mais par une mauvaise gestion de la masse monétaire.

Je demande pardon au lecteur qui n'est pas familier de ces problèmes. Mais ils me semblent d'une particulière acuité. Et j'ai l'impression que le discours officiel se trompe du tout au tout, du moins si l'objectif recherché est bien de favoriser l'économie française.

On a instruit sans ménagement le procès des politiques plus actives, au point que les mots de relance, de politique industrielle, de politique de l'emploi, sont aujourd'hui maudits. Toute tentative de sortir du cercle vicié de la vérité dominante est désormais qualifiée de Parti de la dévaluation... et immédiatement clouée au pilori.

J'ai trop vécu ce genre d'outrances pour m'y résigner. Il faut rompre avec ce conservatisme social.

VI

Réunifier la France

Je venais à peine de terminer ces lignes que, fort à propos, M. Pierre Bérégovoy était nommé premier ministre, à la tête d'un gouvernement qui doit représenter un peu moins de la moitié du seul Parti socialiste, c'est-à-dire pas grand-chose. Un Français sur dix, au mieux. A regarder le ballet des chefs de courants et de sous-courants du PS défiler à l'Elysée, avant la désignation de M. Bérégovoy, on pouvait penser que le Parti socialiste avait réussi à recréer la IVe République à lui tout seul. Une IVe République réduite à l'UDSR, la petite formation charnière de M. Mitterrand à cette époque.

Je n'ai pas le souvenir que la France ait jamais été dirigée par un gouvernement politiquement aussi minoritaire. Il y a là quelque chose de proprement surréaliste. Après une élection qui, en mars 1992, a réduit le PS à

18 % des voix, celui-ci détient la totalité des pouvoirs.

Nous verrons bien si ce décalage peut tenir presque un an. Personnellement, j'en doute fort. Les faits sont têtus, et les électeurs persévérants.

La nomination de Pierre Bérégovoy, plus profondément, trahit l'impasse dans laquelle s'est engagée la France. Sa politique se fait bien à la corbeille, sauf que la corbeille est aujourd'hui à Londres, à Francfort, à Wall Street et à Tokyo, là où se décide, chaque matin, la valeur respective des monnaies. Pierre Bérégovoy rassure, paraît-il, ces milieux financiers. Tant mieux pour eux, et pour lui.

Moi, cela me désole. Les mêmes causes produisent les mêmes effets. Je sais que les éditorialistes les plus influents nous martèlent à longueur de temps et de colonnes : il-n'y-a-pas-d'autre-politique-possible. Il y en a, à la rigueur, deux variétés, comme l'écrit Jacques Lesourne, le directeur du journal *Le Monde* : celle du centre-gauche et celle du centre-droit, les deux faces d'une même monnaie, c'est le cas de le dire. Ceux qui prétendent le contraire seraient des ânes bâtés.

En ayant supporté de plus injurieux, je veux bien encourir ce reproche. D'autant plus facilement que, si j'en crois le résultat des dernières élections régionales, une bonne moitié des Français semble émettre de sérieux doutes sur les vertus de ce consensus. Cela pourrait passer pour un anachronisme bien français si, malheureusement pour les propagandistes, le même phénomène n'était en train de se produire un peu partout en Europe. Les peuples réclament qu'on leur laisse le soin de décider si, oui ou non, ils entendent s'en remettre à la « main invisible » de l'économie internationale et à la sagesse immanente des marchés monétaires.

S'ils répondent de plus en plus nombreux « non » à cette question, en s'évadant dans les votes qu'on qualifie de protestataires ou d'extrémistes, ce n'est pas qu'ils souhaitent se réfugier dans une autarcie peureuse, c'est qu'ils ont compris que l'intégration économique mondiale fonctionne, pays par pays, région par région, profession par profession, comme une centrifugeuse, laissant de plus en plus rapidement, sur les bords, des régions et des populations entières, comme dans l'écrémage du lait. L'exemple le plus frappant est l'Italie. Au point que, dans cette nation voisine, certains, comme les ligues du Nord, en tirent des conclusions radicales et, disons-le, scandaleuses.

Pour être moins spectaculaire en France, le même risque existe et se renforce chaque jour. Nous n'avons pas encore le Mezzogiorno, mais nous avons déjà, de Metz à Bayonne, ce que les spécialistes de l'aménagement du territoire appellent la « diagonale de la désertification », c'est-à-dire un ensemble de départements, à l'écart des pôles d'attraction économique de l'Europe de demain, qui périclitent et meurent doucement, sans même parler de la paupérisation des agriculteurs, un peu partout en France.

Nous n'avons pas encore le Bronx ou les émeutes de Los Angeles, mais nous en avons déjà eu les prémisses dans nos banlieues. Ce n'est pas encore Calcutta, n'exagérons rien, mais nous avons déjà, nous l'avons dit, plusieurs millions d'exclus, vivant chichement de la charité publique.

L'inquiétant, c'est que l'ensemble de ces problèmes va croissant et non pas diminuant. La centrifugeuse fonctionne de plus en plus vite. Si rien ne vient la ralentir, ou si rien ne vient en corriger les effets, il n'y aura plus de France qui tienne. Il faut le dire, avec la même vigueur que M. Jacques Calvet, le P-DG du groupe Peugeot-Citroën, qui ne passe pas pour un collectiviste attardé : ce n'est pas le marché, c'est l'expansion qui assure l'emploi. Le monétarisme, ajoute ce grand patron, qui sait de quoi il parle, est générateur de taux élevés, de récession et de chômage[1].

1. *Le Monde*, 9 avril 1992 : « Maastricht, le théâtre de l'ambigu ».

Alors, il faut savoir ce que l'on veut. Les choses ne s'arrangeront pas d'elles-mêmes. Nul autre que la France ne veut à la France un bien particulier. Si nous ne nous en occupons pas nous-mêmes, rien ne fera que la richesse et les emplois viennent chez nous plutôt qu'ailleurs, et rien ne fera non plus, qu'une fois obtenus, ils se répartissent équitablement entre les citoyens et les territoires de la République.

Il faut réunifier la France. Comme l'Allemagne, il y a tout juste deux ans, notre pays est divisé. Bien sûr, cette division est moins manifeste. Aucun mur, aucun mirador ne la matérialisent. Elle est cependant de plus en plus palpable sur le territoire national, et surtout de plus en plus perceptible dans les esprits. Les Français n'ont plus les mêmes valeurs. Une France qui se veut « moderne » a épousé les valeurs anglo-saxonnes, américaines surtout, de l'individualisme-roi. Elle regarde avec condescendance, pour ne pas dire mépris, une autre France, restée attachée celle-là aux valeurs latines, plus collectives et plus traditionnelles.

Ces deux France ne fonctionnent plus suivant le même modèle. Quels qu'aient été, dans notre pays, les querelles, les affrontements, les guerres civiles mêmes — et on sait depuis Jules César combien les Gaulois sont prompts à la division — je crois que c'est la première fois de son histoire que la France est ainsi partagée. Il y eut les Armagnacs et les Bourguignons, les émigrés et les soldats de l'an II, Londres et Vichy. Il y a toujours eu le parti de la France et le parti de l'étranger. Ce n'est plus le cas aujourd'hui : nulle violence, nul manichéisme, dans ce qui est en train de se passer. Simplement, une évolution, inexorable semble-t-il, qui éloigne peu à peu les Français les uns des autres.

A cette évolution, on peut se résigner, ou s'en accommoder comme l'ont fait les gouvernements socialistes depuis 1983. Et même en jouer, en misant tout sur la France « chébran ». Souvenez-vous de l'ahurissante prestation télévisée du président de la République avec Yves Mourousi : c'était Machiavel avec un *walk-man*.

On peut s'en indigner et rejoindre les cohortes de ligueurs qui cherchent à dévoyer l'inquiétude justifiée de ceux qui sont exclus ou des autres, plus nombreux, qui se sentent menacés d'exclusion.

On peut aussi tenter de réfléchir, comme nous l'avons fait, au sein du club « Demain la France », que nous avons fondé l'an dernier avec mon ami Philippe Séguin, en traçant les grandes lignes de ce que pourrait être une politique sociale renouvelée, c'est-à-dire qui tienne compte des réalités économiques du monde d'aujourd'hui. Et quand je dis politique sociale, j'entends par là une ambition sociale, qui est d'accorder à chacun une juste place et une juste part, et non, comme on le comprend désormais, de cautériser plus ou moins bien les plaies béantes qui sont apparues dans le tissu du pays.

On voit bien combien l'effondrement des idées socialistes a circonscrit ce débat au sein de l'économie de marché. Pour certains, même, il n'y a plus matière à débattre : le marché, qui n'est pas sot, n'a nul besoin qu'on lui dise ce qu'il convient de faire. Il imaginera de lui-même les correctifs nécessaires à la brutalité de ses interventions spontanées. Je ne crois pas plus au Marché-Providence que je n'ai cru à l'Etat-Providence. On peut en conclure que je ne crois pas du tout à la Providence. Si, mais j'écoute surtout ses conseils : « Aide-toi et le ciel t'aidera. »

D'autres, qui ne sombrent pas dans l'utopie ultra-libérale, entendent réformer le capitalisme, c'est-à-dire, disons-le clairement, qu'ils veulent charger les entreprises de la fonction sociale. C'est la social-démocratie, ou l'économie sociale de marché. Michel Albert résume brillamment cette théorie : « capitalisme contre capitalisme ». Il y a le mauvais capitalisme, l'américain, et le bon, l'allemand. La distinction existe en effet, mais elle est déterminée par la psychologie propre à chacun de ces deux pays, davantage que par les lois de l'économie. Ce que Michel Albert, semble-t-il, n'a pas voulu remarquer, c'est que l'Europe de Maastricht s'inspire de la logique financière du modèle américain et non de la logique industrielle du modèle allemand. Il suffit pour le démontrer de mettre en regard la politique de la concurrence du désormais célèbre Léon Brittan, qui — au nom des lois du marché intérieur — empêche la constitution de groupes européens de taille mondiale, et l'absence de toute politique industrielle commune.

Le problème est que ce haut fonctionnaire de Bruxelles a sous les yeux une carte de l'Europe où il cherche à faire respecter les règles d'une saine concurrence, quand l'industriel a, lui, une carte du monde où les concurrents sont américains, japonais ou coréens. Or, c'est l'industriel qui a raison, parce qu'il sait qu'il se bat non seulement dans le reste du monde, mais d'abord sur son propre marché, en Europe.

L'erreur des sociaux-démocrates est de vouloir reprendre, sous une forme certes édulcorée, l'erreur intrinsèque des idéologies socialistes : contraindre les acteurs économiques à assumer un rôle qui n'est pas de leur ressort et qui est, de surcroît, un handicap dans une économie ouverte. Non que l'entreprise n'ait aucune fonction sociale; elle en a une, à l'évidence. Mais elle ne peut plus corriger les effets pervers de l'économie de marché, ni suppléer aux lacunes de l'action publique. Disons-le plus crûment encore, pour être sûr d'être bien compris : l'entreprise ne peut plus avoir d'autre projet social que le sien propre, ou alors il faut imposer à toutes les entreprises du monde la même obligation.

Il en résulte une idée-force qui doit, à mon sens, inspirer la réflexion des politiques et dont les partis libéraux feraient bien de tirer les conséquences : seule la collectivité publique est désormais capable de garantir le respect des hommes.

Ironie de l'Histoire, qui en est coutumière : c'est sous un gouvernement socialiste que les Français se sont réconciliés avec l'économie et avec l'entreprise; il appartiendra à la droite de réhabiliter le progrès social.

Entendons-nous bien. Je ne crois plus qu'il y ait, en la matière, de solutions collectives. Les idéologies ont fait long feu, et avec elles toutes les tentatives arbitraires de définir des politiques uniformes. Il faut prendre le problème autrement.

Tout d'abord, l'évolution de notre société démontre que, contrairement à ce qu'on pensait il y a une dizaine d'années, les Français ne sont pas du tout en train de se regrouper au sein d'une vaste classe moyenne, destinée à s'épandre continuellement. C'est au contraire l'émiettement des situations qui caractérise ce qui se passe à l'heure actuelle. La France ressemble à un peloton grimpant le Tourmalet, qui s'étire de plus en plus, et au sein duquel les abandons sont de plus en plus fréquents.

La crise de la représentativité, dont on parle tant, qui touche aussi bien les syndicats que les partis politiques, découle de cet émiettement. Il n'y a plus de groupes homogènes. Il y a, au sein de chaque groupe, ceux qui s'en sortent et ceux qui n'ont pas cette chance. L'étape est meurtrière.

Si les principes républicains de liberté, d'égalité et de fraternité sont aujourd'hui à ce point bafoués, c'est qu'ils ont été progressivement confisqués par une énorme bureaucratie, d'autant plus opaque qu'elle est formée de couches épaisses — étatique, politique, syndicale, professionnelle — objectivement complices pour conserver jalousement leur pouvoir, mais qui ne correspondent plus à la réalité de ceux qu'ils sont censés servir, représenter ou défendre.

Il n'y a plus d'ouvriers, d'employés, d'agriculteurs, de cadres, ayant globalement conscience d'avoir le même avenir et qui s'organisent pour le défendre en conséquence. Il y a, au sein de chaque catégorie, puis au sein de chaque sous-catégorie de Français, ceux qui ont le sentiment d'appartenir à la bonne équipe et ceux qui craignent d'être laissés sur le bord de la route.

J'ai été très frappé, il y a quelques mois, d'entendre les réactions des agriculteurs — dont on pourrait penser qu'ils ont des préoccupations et une inquiétude communes — aux mesures, certes modestes, annoncées par le gouvernement : « C'est un plan pour les céréaliers », disait ce viticulteur du Midi ; « On ne pense qu'à l'élevage des bovins », ajoutait ce paysan breton, dont j'ai conclu qu'il devait produire du porc.

Chacun peut ainsi vérifier, dans sa propre profession, que les mentalités, malheureusement, sont en train d'épouser les réalités d'une économie qui brise, peu à peu, les solidarités les plus anciennes.

Echec des solutions collectives et idéologiques, inadaptation des solutions catégorielles et ne corporatistes : il va être de plus en plus difficile de trouver, dans ce pays, le moindre dénominateur commun. On taxe les Français d'égoïsme : il y a des raisons à cela. Un pays ne change pas de valeurs en dix ans !

Comme d'habitude, il faut, pour résoudre le problème, utiliser la difficulté elle-même. Il faut accepter cette évolution, et bannir toute réponse monolithique. La France est composée de 58 millions d'individus. Soit. C'est directement avec ces individus qu'il faut passer un nouveau contrat social ; appelez-le nouveau contrat national, si vous voulez, c'est très exactement la même chose.

Il faut per-son-na-li-ser. Puisque tout nous indique qu'il est illusoire d'essayer de recomposer je ne sais trop quel patchwork national, à base de catégories, aux origines, aux intérêts et aux espoirs différents, il nous faut retisser la communauté nationale, fil à fil, individu par individu, citoyen par citoyen.

Il y avait d'excellentes intentions dans la « Nouvelle Société », de Jacques Chaban-Delmas — dernière tentative d'inspiration gaulliste d'essayer de corriger le cours des choses — mais il y avait dans ce projet une erreur d'exécution : celle de renforcer le pouvoir de syndicats ainsi que de corps intermédiaires qui, bientôt, représenteraient de moins en moins les Français. En cela, la « politique contractuelle » allait — comme la suite l'a prouvé — à l'encontre de l'idée du général de Gaulle qui avait compris, après Mai 68, qu'il fallait établir un lien direct entre l'intérêt du salarié et l'avenir de son entreprise. Ainsi a-t-on donné un deuxième souffle à des syndicats déjà obsolètes et a-t-on tué dans l'œuf la participation et l'intéressement des salariés. L'enfer, on le sait, est pavé des meilleures intentions du monde.

L'intéressement est, à mon sens, la grande idée à redécouvrir. Sous la pression syndicale, les socialistes ont peu à peu vidé de leur contenu les ordonnances de 1967. Ce que Jacques Delors, conseiller du premier ministre, a commencé en 1969, Jacques Delors ministre des Finances en 1981, l'a achevé. Il s'est comporté, à ces deux reprises, en allié loyal de nos syndicats, qui avaient les premiers compris le danger : l'association directe du personnel aux résultats de l'entreprise conduirait à l'émergence d'un nouveau syndicalisme, dépolitisé, moderne et efficace. Ce dont ils ne voulaient à aucun prix.

Aujourd'hui, l'intéressement est sans aucun doute la réponse adéquate, aussi bien pour les entrepreneurs, qui souhaitent que les coûts salariaux s'adaptent aux nécessités de la compétition internationale, que pour les salariés eux-mêmes, qui n'entendent pas être condamnés à l'austérité à perpétuité. Le patronat réclame une plus grande « flexibilité » des salaires. Soit. Mais en contrepartie, il doit accepter que les salariés reçoivent leur juste part du bénéfice qu'ils auront, par leur modération, rendu possible. Si bénéfice il y a, l'intéressement devrait ainsi devenir un véritable complément de salaire, ouvrant les mêmes droits à la retraite. Et il devrait être individualisé, dans toute la mesure du possible. L'Etat devra aussi faire un effort, en acceptant que l'intéressement soit calculé avant l'impôt sur les sociétés, ce qui reviendra à baisser celui-ci, au profit des revenus directs des salariés.

On le voit, il ne s'agit pas de pénaliser les entreprises en leur faisant supporter une charge supplémentaire. Bien au contraire. Il s'agit de substituer à des critères rigides des critères plus souples, mais sans que cette souplesse ne profite *ad vitam aeternam* qu'à un seul des partenaires. Dans l'entreprise, l'intéressement et la personnalisation sont bien les directions de l'avenir.

La personnalisation me semble être aussi le maître mot de demain pour notre politique sociale. Nous vivons, beaucoup l'ont dit, dans un maquis — un magma — inextricable de corporatismes, d'idées reçues, d'avantages acquis, étroitement imbriqués dans notre système social et fiscal ; au final, plus personne ne s'y retrouve, mais chacun sait désormais que cette énorme machine est la plus ruineuse des pays comparables, alors que les services qu'elle rend se dégradent continuellement. Nous sommes encore persuadés d'avoir la meilleure protection sociale du monde, alors que c'est de moins en moins vrai, que le système éclate sous toutes les coutures et que nous savons bien, par exemple, qu'il ne sera plus en mesure d'assurer les retraites dans un avenir plus ou moins proche.

Là aussi, la tentation d'un système à deux vitesses est en train de gagner les esprits, que ce soit pour la retraite ou pour les soins médicaux. Cette tentation est incompatible avec l'idée que nous nous faisons de la cohésion sociale. Elle y mettrait fin, définitivement.

Bien sûr, il est tout à fait naturel que l'on incite à épargner davantage, non seulement ceux qui le peuvent — ce qui n'est pas une idée neuve — mais tous les Français, si la survie du système de répartition est à ce prix. Mais on ne saurait petit à petit, et sournoisement, exclure d'une retraite complète ceux qui n'auraient pas compris à temps qu'il fallait capitaliser *en plus* de cotiser.

On comprend ainsi tout l'intérêt de la personnalisation — ou de l'individualisation si l'on préfère — de notre système de protection sociale. Chacun doit être en mesure de comprendre ce qu'il recevra en fonction de ce qu'il versera.

On touche là au cœur du problème et, donc, d'une des réformes les plus importantes qu'il faudra bien engager. Il faut sortir de l'extraordinaire opacité d'un système qui mélange ce qui relève de l'assurance et ce qui est du ressort de la solidarité. Il s'agit, vous l'avez compris, de la réforme de la Sécurité sociale, qui doit retrouver sa vocation d'assureur et ne plus être l'instrument déguisé d'une politique de redistribution des revenus, rôle qui appartient à l'impôt.

La première étape, comme l'a avancé Edouard Balladur, doit consister en une fiscalisation des prestations familiales et de toutes les allocations de solidarité, comme l'allocation logement. Mais il y a une mesure plus audacieuse, élaborée par « Demain la France », et qui s'inscrit tout à fait dans cette logique de personnalisation des rapports entre le citoyen et l'Etat : c'est ce que les économistes — l'idée provient des plus libéraux d'entre eux — appellent « l'impôt négatif », et que je préfère traduire par « l'avoir social ».

Le principe en est simple : *au-dessus* d'un

certain seuil, les revenus font l'objet d'un prélèvement dont le montant est calculé en fonction de la situation de chaque foyer fiscal. C'est « l'impôt positif ». Inversement, *au-dessous* du même seuil, on peut décider que le revenu donne droit à un versement de la part de l'Etat, calculé lui aussi en fonction des paramètres qui définissent la situation de chaque foyer fiscal. C'est « l'impôt négatif ». Ce dernier a pour vocation de regrouper et de remplacer toutes les allocations actuelles qui relèvent de la solidarité, comme par exemple le RMI — hormis donc celles qui relèvent d'un mécanisme d'assurance comme l'assurance maladie ou l'assurance chômage —, par un seul programme d'aide, tout en conservant une incitation financière significative au travail, pour ne pas encourager à la paresse.

Un premier avantage de l'impôt négatif est de déconnecter l'aide à la personne et le coût du travail pour l'entreprise.

Un deuxième avantage est d'améliorer l'équité de l'impôt pour les contribuables dont les revenus fluctuent beaucoup d'une année sur l'autre et qui sont pénalisés dans le système actuel.

Mais bien entendu, l'impôt négatif a surtout pour objectif de rendre plus transparente, moins coûteuse et finalement plus efficace la politique inévitable de redistribution. Sa mise en œuvre permettrait enfin de savoir qui reçoit quoi, et quel est l'effet redistributif net pour chacun.

La bureaucratie se trouverait considérablement réduite du fait de la disparition de la multiplicité des programmes et des procédures, ainsi que de l'intégration de l'impôt négatif dans le système fiscal actuel.

Chacun pourrait utiliser cette aide au mieux, selon ses besoins et ses projets, sans que personne s'autorise à décider à sa place de ce qu'il lui faut consommer.

Chacun, surtout, recevrait automatiquement ce qui lui revient, alors que dans l'actuel maquis des textes et des règles, beaucoup parmi les plus modestes et les moins bien formés, ignorent leurs droits, ce qui accuse un peu plus l'inégalité que les allocations sont censées réduire. Le seul véritable obstacle à cette formule tient probablement au fait que beaucoup ne considèrent pas la transparence comme souhaitable, car si la démocratie y gagnerait à coup sûr, en revanche, la marge de manœuvre politicienne s'en trouverait simultanément réduite. D'autant qu'avec l'impôt négatif, une partie des dépenses sociales se trouvera, de fait, soumise au contrôle du Parlement, au lieu d'être décidée par décret, sans aucun débat.

Ces propositions pourraient être complétées par une réforme de l'allocation chômage transformée en véritable aide personnalisée à l'emploi, s'inscrivant dans la même volonté d'individualiser l'ensemble des actions sociales. L'attribution de l'aide à l'emploi correspondrait à un suivi personnalisé des chômeurs, par la signature d'un véritable contrat entre chaque chômeur et l'Etat — aide plus importante aux chômeurs suivant une formation, aide complémentaire pendant deux ans pour des chômeurs acceptant un emploi pour un salaire inférieur à leur allocation chômage, généralisation des formules de tutorat et de stages...

J'ai expérimenté le « tutorat » pour les chômeurs de longue durée dans mon département des Hauts-de-Seine, bien avant que le gouvernement, dans un dernier sursaut préélectoral, ne reprenne cette idée. Elle consiste, après un entretien personnel, à redonner confiance au chômeur en le confiant à un salarié ou à un pré-retraité qui va l'aider dans la recherche d'un emploi. Cela donne d'excellents résultats, tant il est vrai que la confiance en lui-même est ce qui manque le plus à qui est, depuis plusieurs années, coupé de la vie active.

Le champ est immense pour qui n'a pas renoncé à faire de la France un seul et même pays, peuplé de citoyens convaincus qu'ils ont plus à gagner ensemble que séparément.

Pour beaucoup, il serait déjà trop tard : de nouvelles solidarités, entre les hommes ou entre les territoires, se substitueront peu à peu à la solidarité nationale. Je souhaite qu'ils aient raison, et je comprends que certains rêvent de cette utopie. Mais ce n'est qu'une utopie. On ne crée pas une patrie par décret. Par traité non plus, d'ailleurs.

VII

Baroque ? Vous avez dit baroque ?

J'AI deux petits-enfants, Alexandre et Philippe. Ils auront vingt ans en l'an 2000. Déjà, ils s'interrogent et pressent de questions leurs parents et leurs grands-parents. Leur préoccupation la plus fréquente, ce n'est pas tant le métier qu'ils feront — il est encore un peu tôt — mais quelles langues faut-il apprendre pour être sûrs, plus tard, de rester dans la course ?

Il m'a fallu, à moi qui suis un pur produit de l'école républicaine, laïque et obligatoire et un admirateur sans réserve de Jules Ferry, à moi qui ne bredouille que quelques mots d'anglais — pas davantage, comme la plupart de nos compatriotes —, à moi qui suis plus familier des langues latines, l'italien et l'espagnol, un peu de temps pour me faire à cette idée : le système scolaire inventé il y a un siècle ne répond plus du tout aux besoins d'éducation des jeunes

Français. Comme, dans le même temps, tout semble indiquer qu'il échoue également dans l'autre mission qui lui avait été confiée, à savoir l'intégration de tous les enfants vivant en France dans le creuset national, le moment semble venu de le réformer radicalement.

Ce sera un travail de Titan. Il y faudra une volonté politique sans faille, sur de longues années, que seule permettra l'adhésion populaire. C'est pourquoi, comme d'ailleurs Jacques Chirac, je pense qu'il faut recourir, pour ce faire, à un référendum. Ce serait là, outre l'importance vitale du problème à résoudre, le premier référendum où l'on demanderait à la société de se prononcer sur un sujet qui touche à ses préoccupations les plus profondes. J'en parlerai plus loin.

L'Education nationale est, en effet, une des bastilles les plus colossales et les mieux défendues, non seulement dans notre pays, mais dans tout le monde libre. On a dit, avec quelque raison, que c'était la deuxième administration du monde, après l'Armée Rouge. Au train où nous allons, elle doit donc être désormais la première.

Quand on veut faire bouger les choses, il faut, de temps en temps, agir de façon symbolique. C'est pourquoi j'ai lancé, au début de 1992, dans le département que j'administre, le projet d'une université financée par le Conseil général, avec le soutien de fonds privés, dont les filières et la pédagogie seraient établies en partenariat avec les entreprises. Ce fut un beau tollé. Aussitôt qualifiée « d'université pour les riches » par la nomenklatura du ministère de l'Education nationale, « d'illégale » par les élus socialistes du département, ce projet fut traité avec dédain par le principal conseiller du ministre de l'Education Lionel Jospin. Claude Allègre parla de projet « baroque et farfelu ».

Farfelu? MM. Jospin et Allègre sont partis depuis, et l'Université des Hauts-de-Seine, elle, ouvrira ses portes en septembre 1994, au pied de la Grande Arche, à la Défense. 5 000 étudiants, qui bénéficieront de bourses pour couvrir le prix des études — l'université sera payante, c'est vrai, mais nul n'en sera exclu pour des raisons pécuniaires — y suivront un enseignement entièrement nouveau, défini avec des entreprises, françaises et européennes, qui garantiront un emploi aux élèves, qu'elles suivront durant tout le cours de leurs études, suivant le principe, là aussi, du « tutorat ». Plus personne ne saura qui était M. Allègre quand sortira, dans cinq ans, la première promotion de cette université.

Je ne déteste pas, en revanche, le terme « baroque », qui me semble qualifier une réaction contre un classicisme — disons, en l'espèce, un conservatisme — dépassé. Tous ceux qui, comme moi, aiment Rome et les fontaines du Bernin sur la piazza Navona, ne me contrediront pas. Va donc pour baroque. J'espère que M. Jack Lang, qui paraît moins étriqué que son prédécesseur rue de Grenelle, appréciera et ne nous mettra pas trop de bâtons dans les roues.

Bien sûr, ce projet, à l'échelle du pays, c'est une goutte d'eau dans la mer. Chaque année — chaque année! —, 100 000 jeunes sortent sans aucune qualification de notre système éducatif et sont donc condamnés à une inévitable marginalisation. Je sais que ce problème, ce drame, ne nous est pas spécifique et que, seuls, semble-t-il, l'Allemagne et le Japon, et dans une moindre mesure les Etats-Unis, arrivent à donner à la quasi-totalité de leurs jeunes une véritable formation.

Mais dans ce domaine, moins que dans tout autre, la résignation n'est pas acceptable. D'autant que tous ceux qui réfléchissent sur les moyens d'en sortir — hormis les syndicats d'enseignants qui, eux, en vivent — sont unanimes. Le responsable de cet échec, c'est le système centralisé qui gère, depuis Paris, un million d'enseignants et douze millions d'élèves et d'étudiants. C'est bien la plus grande bureaucratie, à l'ouest de l'Oural, qu'il faut démanteler. L'enjeu est autrement plus important que celui, pourtant considérable, du statut des dockers !

N'étant pas suspect, je pense, de faire partie de ceux qui veulent déposséder l'Etat de toutes ses prérogatives, je peux le dire sans détour : il faut décentraliser totalement la gestion — celle de l'investissement comme celle des personnels — de l'Education nationale et la confier aux régions, aux départements et aux communes, que ce soit pour le primaire, le secondaire ou le supérieur. On n'aura pas ainsi résolu le problème du contenu de l'enseignement et de son adaptation aux besoins réels du pays, mais on aura déjà introduit la souplesse nécessaire, condition *sine qua non* du véritable changement de mentalité qu'il nous faut réaliser.

Car le problème de fond, tout le monde l'a compris, c'est que si notre système éducatif fabrique des chômeurs, c'est qu'il vit dans un autre monde, tout théorique, alors que celui de la compétition internationale est, lui, bien réel.

Il y a des contradictions que, je l'avoue, j'ai du mal à comprendre. Les socialistes semblent s'être, depuis 1983, convertis aux réalités d'une économie ouverte et à ses contraintes. Ils ont même, nous l'avons vu, adopté, avec l'ardeur des néophytes, les théories les plus débridées de l'orthodoxie libérale. Mais ils s'accrochent avec la dernière énergie — sans doute est-ce l'un de leurs derniers repères idéologiques — au dogme d'une éducation monolithique, uniforme, dont le slogan « 80 % d'une classe d'âge au bac » est le dernier avatar.

Face à ce mot d'ordre d'inspiration maoïste, il y a la réalité des chiffres. Dans un fort brillant essai [1], Philippe Delmas l'explique : si le nombre des bacheliers a doublé dans les quinze dernières années, la proportion de chômeurs chez les jeunes n'a pas diminué ; surtout, elle est deux à trois fois plus élevée chez nous — à tous les niveaux de qualification — que dans les pays, comme l'Allemagne, qui ont suivi des politiques différentes. Il y a moins de bacheliers en Allemagne qu'en France, mais il y a, cependant, trois fois moins de jeunes au chômage. La différence, c'est que 60 % des jeunes Allemands suivent une formation professionnelle assurée, directement ou non, par les entreprises, alors que 40 % seulement suivent les cours d'un lycée.

Ce système, qui juxtapose deux filières parallèles d'enseignement, l'école et l'apprentissage, n'est sans doute pas transposable en France.

1. *Le Maître des horloges,* Editions Odile Jacob.

Notre tradition ne permettrait pas une telle révolution et il n'est pas question, en ce domaine comme en d'autres, de sombrer dans les théories les plus radicales. Mais la réussite du modèle allemand dans la lutte contre le chômage par la qualification — la même réflexion vaut pour le Japon, bien que le système soit tout différent — met le doigt sur le problème clé que notre Education nationale se refuse à voir : c'est, comme l'écrit Philippe Delmas, « la qualité de l'articulation entre les systèmes éducatif et économique qui distinguera nettement les pays les uns des autres ». En un mot comme en cent, il faut rapprocher l'école et l'entreprise. Sans doute même, peu ou prou, les marier.

Cela ne se fera ni en un jour, ni sans heurt. Il me semble que nous ferions, déjà, un pas dans la bonne direction si nous arrivions à substituer au concept unique *d'éducation,* ceux, complémentaires, *d'instruction* et *de formation.* Parce qu'il faut bien constater qu'à vouloir tout unifier sous le même chapeau, l'Education nationale est en train de conduire à l'échec, de plus en plus tôt, un nombre d'enfants de plus en plus important.

C'est une véritable honte : dans mon département, les Hauts-de-Seine, qui n'est pas réputé le plus mal loti de France, 46 % des élèves de sixième ne savent ni lire ni écrire couramment !

Dans ce que l'on appelle les zones d'éducation prioritaire, ce pourcentage monte à près de 70 %. Dès l'âge de 10-12 ans, souvent plus tôt encore, ces enfants sont irrémédiablement condamnés à l'échec par une Education nationale qui a perdu le sens de sa mission.

On ne peut pas rester les bras croisés devant un tel bilan. Ce qui m'a conduit, bien que ce ne soit pas de la compétence du département, à entreprendre un vaste programme de rattrapage scolaire financé par le Conseil général : aujourd'hui 15 000 enfants, de la maternelle à la troisième, suivent ces cours, avec l'aide de 1 300 instituteurs et professeurs. D'autres villes, d'autres départements ou régions nous ont, depuis, emboîté le pas.

Les Français, en 1984, ont sauvé l'école libre. Il va leur falloir, maintenant, sauver l'école publique, en enlevant la maîtrise des programmes à des syndicats d'enseignants qui confondent l'école et le militantisme politique. Car, si des enfants ne savent ni lire ni écrire, si tout enseignement structuré de l'histoire et de la géographie a disparu, c'est que l'école est devenue un « lieu de dressage idéologique livré aux influences de l'esprit révolutionnaire », selon l'expression de l'historien Claude Nicolet[1], dont le jugement n'est pas suspect de partialité antisocialiste, puisqu'il fut l'un des plus proches collaborateurs de Pierre Mendès France.

Le constat que fait Claude Nicolet est accablant. Au nom d'une « pédagogie pluriculturelle », on a ôté successivement à nos enfants, dès l'école primaire, tout repère au profit d'un magma d'utopies gauchisantes, promues vérité officielle, et dont la quintessence est contenue dans les instructions envoyées aux enseignants, comme celle-ci, qui date de 1984 : « Les Droits de l'homme, une éducation morale et civique pour notre temps. »

Je veux ici citer quelques lignes de ce texte, dont chaque parent peut vérifier, auprès de ses enfants, qu'il a été enseigné d'enthousiasme : « La France sait, désormais, qu'elle ne fait plus l'histoire de l'humanité. L'étoffe nationale a craqué devant la découverte de la différence sociale, ethnique, sexuelle, générationnelle. Le civisme de la IIIe République croyait atteindre à l'universalisme en niant les particularités. Notre civisme, si nous parvenons à lui donner un visage, ne tourne nullement le dos à un universalisme sans lequel nous ne parviendrons pas à comprendre ce qu'est la différence. Il pose

1. *La République en France*, Editions du Seuil.

l'unité du genre humain, mais il postule que c'est à travers la multiplicité des espèces sociales et dans l'affirmation de leurs particularités culturelles que s'exprime l'universel. » Et voilà pourquoi votre fille est muette...

Les Allemands et les Japonais peuvent dormir tranquilles. Avec une cinquième colonne comme celle-là, ils n'ont rien à craindre de la France pour longtemps.

SOS-Racisme contre Mercedes-Benz ou Mitsubishi : le match est forcément inégal.

Pendant que notre école cherche à former des « citoyens du monde », sans se préoccuper de savoir pourquoi elle aboutit au plus fort taux de chômage jamais atteint dans les autres pays industrialisés, nos partenaires et concurrents développent et adaptent leur système de formation professionnelle, tous dans le même sens d'une symbiose entre l'enseignement et l'entreprise.

Là se situe sans doute la plus grave responsabilité des gouvernements socialistes, qui se comportent comme l'état-major de l'armée française dans les années 30. Ils engagent sciemment la France dans une compétition européenne et internationale dont ils savent qu'elle sera impitoyable. Mais, dans le même temps, prisonniers de leurs dogmes et d'une base syndicale qui est leur dernier soutien, ils refusent de donner aux jeunes de ce pays les moyens d'affronter, à armes égales, ceux des pays voisins, préférant les entretenir dans le mythe d'un égalitarisme douillet. L'idéologie chez nous, le réalisme chez les autres.

Le réveil sera brutal! On peut comprendre l'angoisse des lycéens et des étudiants, et leur refus instinctif de sortir de ce cocon, pour anticiper sur les réalités de la vie active. On peut la comprendre, mais on ne peut l'approuver. On l'a bien vu avec le projet Devaquet, courageuse tentative d'introduire les notions de concurrence et de sélection dans l'enseignement supérieur. Nourris d'idéologie égalitariste, habilement manipulés par des syndicats dont le corporatisme le dispute à l'engagement politique, étudiants et lycéens ont repoussé *sine die* toute idée de réforme. On a ainsi, je le crains, condamné toute une génération à aborder, avec des idées rousseauistes, un monde qui l'est de moins en moins.

Pour en sortir, la difficulté ne sera pas mince. La sclérose du système se conjugue avec l'inquiétude des élèves pour écarter toute évolution. Les ministres de l'Education font rapidement leur deuil de leurs velléités réformatrices, pour laisser gouverner les syndicats, ou bien ils sont sacrifiés.

Il va falloir, là aussi, réfléchir autrement. La

France doit à tous ses enfants une formation de qualité, qui se traduise soit par un diplôme d'enseignement supérieur, soit par une qualification professionnelle reconnue. Elle n'est, à l'heure actuelle, pas en mesure de la leur donner — *rappelons que quatre jeunes sur dix quittent le système éducatif sans aucune qualification* — et il faudra du temps, quelle que soit la volonté, quels que soient les moyens, pour arriver à la bonne solution, que Philippe Delmas appelle « l'entreprise-école ». Il faut donc reconnaître à chaque jeune Français, dès maintenant, le droit à une deuxième chance.

L'idée est simple : tous les enfants de ce pays ont droit d'avoir dix-huit à vingt années d'instruction et de formation pendant leur vie. L'abandon de la scolarité avant ce terme ne devrait plus éteindre cette « créance », sur laquelle ils pourraient à nouveau tirer au cours de leur existence, pour reprendre des études dans n'importe quel établissement, public ou privé, librement choisi, ou pour financer un apprentissage ou une formation en entreprise. Il s'agira, si cette proposition était acceptée par les Français, d'un véritable « compte-éducation », ouvert, personnellement, à chaque jeune Français.

Une telle réforme ne peut prendre toute sa dimension que si elle s'inscrit dans une transformation en profondeur, courageuse, de tout le système éducatif, visant à l'orienter vers la décentralisation, la liberté de choix et la concurrence.

Il faut, au contraire du système rigide, cloisonné, planifié, centralisé, uniforme, qui est le nôtre aujourd'hui, donner à ces élèves adultes et déjà engagés dans la vie active, l'accès à une offre de formation diversifiée en fonction des besoins, des âges, des expériences, des projets professionnels. Cela, aucune bureaucratie ne peut l'organiser. Seul un marché décentralisé — où chacun est stimulé par une certaine concurrence — en est capable, même s'il faut que l'Etat supervise, contrôle, oriente, puisque c'est l'argent public qui continuera, pour l'essentiel, de financer les études.

Voilà, sans doute, une idée baroque et farfelue de plus, que je livre aux sarcasmes des ayatollahs de l'Education nationale, en leur conseillant, d'abord, de relire cette « instruction » que Jules Ferry adressait il y a un siècle aux « hussards noirs » de la République : « L'école doit préparer les enfants à la vie qui les attend. »

VIII

Etat en voie de sous-développement

« C'EST au moins un de Gaulle qu'il faudrait ! » Ma femme, Jeanne, qui relit cet ouvrage, chapitre après chapitre, a ce cri du cœur.

L'ampleur de la tâche à accomplir, l'étendue du retard accumulé : tout rappelle à cette militante gaulliste de toujours, que j'ai rencontrée lors de la création du RPF, à Grasse, en 1947, l'idée du « sursaut », mot que le Général aimait à employer chaque fois qu'il lui semblait — et il lui semblait souvent — que le pays s'avachissait, comme il le disait. Nous lui avons préféré, depuis, le mot de redressement, ce qui veut dire la même chose.

Cette rhétorique est passée de mode, et ceux qui l'emploient sont instantanément qualifiés d' « archéos » ou d'agités, c'est selon. Seuls ont droit de cité les propos lénifiants, limités aux problèmes de gestion des finances publiques ou à la répartition des compétences entre les administrations. Sans mépriser l'intendance, on ne peut qu'être sidérés par l'étroitesse de ce débat, mesuré à l'aune des défis que nous avons à relever. Il va bien falloir trouver les mots pour le dire, quitte à être traité de tout ce qu'on veut et même de « populiste », puisque c'est le dernier quolibet dont on affuble les hommes politiques qui s'inquiètent d'autre chose que du seul bilan hebdomadaire de la Banque de France.

Que demande le Peuple ? Voilà une question tellement saugrenue qu'elle en paraît ironique. Nous devrions cependant nous la poser en permanence. Nous nous apercevrions que la réponse tient en trois mots : « de l'emploi, de l'éducation et de la sécurité ».

Pour l'emploi et l'éducation, j'ai indiqué dans les pages précédentes dans quel esprit, à mon sens, il convenait de réfléchir désormais.

Que la puissance publique cesse de se vouloir le cornac des entreprises et le propagandiste d'idéologies d'un autre temps, pour consacrer tous ses moyens à la mise en valeur des hommes et des territoires de la Nation, de façon à proposer, dans la compétition internationale, la meilleure « offre » possible à ceux qui créent les richesses et les emplois.

Il me semble que ce critère devrait également

inspirer la réforme de notre système fiscal. Il ne me paraîtrait ainsi pas du tout scandaleux que l'on défiscalise au maximum les investissements réalisés en France, de préférence à ceux effectués à l'étranger. Car, s'il est illusoire et dangereux d'obliger les entreprises à investir chez nous plutôt qu'ailleurs, il n'est pas du tout interdit de les y inciter, ni de chercher à les y attirer. Du moins tant que les Etats garderont la maîtrise de leur fiscalité, c'est-à-dire tant que ce seront *des Etats*.

Ma vision des problèmes de sécurité, tant extérieure qu'intérieure, participe de la même analyse. Rien ni personne n'y pourvoira à notre place et il restera toujours de la responsabilité du gouvernement de la France de décider ce qui est dans l'intérêt du pays et ce qui ne l'est pas. Qu'on me comprenne bien. S'il est un domaine dans lequel je pense que notre intérêt et celui de nos voisins européens coïncident de plus en plus, c'est bien celui de la Défense. Il m'apparaît même, comme à de nombreux observateurs, qu'il y avait là — tellement cet avenir commun est évident quand on n'est pas obnubilé par le passé —, un ressort autrement puissant pour l'unité de l'Europe que l'intégration par la monnaie, qui provoquera, elle, rapidement, de nouveaux antagonismes.

L'incompréhension entre la France et l'Allemagne, née des réticences françaises devant la réunification allemande, n'a pas rendu possible une avancée significative dans les domaines de la politique étrangère et, surtout, de la Défense. La diplomatie française n'a, depuis, jamais caché sa nostalgie de l'ordre ancien. Il faut dire qu'elle y a été fortement encouragée par les propos du président de la République, maintes fois réitérés : « Moi, je suis né pendant une guerre mondiale et j'ai fait la seconde », répétait-il encore, en présentant les traités de Maastricht, le 12 avril dernier. L'allusion à l'Allemagne était transparente.

Maastricht est né de cette formidable ambiguïté, qui prétend faire l'Europe pour « ligoter » l'Allemagne. L'union monétaire n'est pas autre chose, en effet, que la « fédéralisation » du mark et, à travers lui, de la puissance économique et financière de notre voisin d'outre-Rhin. Il faut se rendre, ces temps-ci, en Allemagne pour comprendre à quel point cette orientation, crispée sur les schémas et les peurs d'antan, est en train de susciter critiques et oppositions de plus en plus vives.

Cette politique du court terme se refuse à envisager la place politique d'une Allemagne réunifiée dans le système européen. Le problème n'est pas simple, je le reconnais bien volontiers, parce que l'axe Paris-Bonn reposait sur l'acceptation par l'Allemagne de la prééminence politique de la France. « Nous avons la bombe, et eux le mark », selon la formule consacrée. Ce stéréotype, malheureusement, a vécu et seul l'engagement européen du Chancelier Kohl en maintient, *grosso modo*, les apparences. Mais tout a un prix, et nous avons payé le renoncement provisoire de l'Allemagne à son rang politique au plus haut cours : malgré ses propres réserves, la France a dû accepter que le statut de la future Banque centrale européenne soit copié sur celui de la Bundesbank, c'est-à-dire indépendant des gouvernements ; de son côté, l'Allemagne a rejeté le projet français de télévision à haute définition ; et elle a relevé ses taux d'intérêt, sans concertation. Jusqu'à la reconnaissance unilatérale par l'Allemagne de la Croatie et de la Slovénie, signe qui ne trompe pas : l'Allemagne entend bien, quelles que soient ses concessions immédiates, s'émanciper de la tutelle politique de la France.

Dans le même temps, la France apparaît, face aux problèmes de sa Défense, comme une poule devant un couteau. Un an après la guerre du Golfe, deux ans après la dissolution du pacte de Varsovie, le président de la République et ses gouvernements semblent vouloir bannir toute réflexion d'ensemble, alternant les déclarations de principe — « la dissuasion reste la clé de voûte de notre défense », « nous restons attachés au principe républicain de la conscription » — et les gestes symboliques destinés à séduire un électorat réputé pacifiste, comme l'arrêt des essais nucléaires ou la dissolution de régiments entiers, qui vont dans le sens exactement contraire.

Je ne plaide pas pour le maintien, à tout prix, de la totalité d'un système de défense conçu et voulu par la France il y a trente ans. Bien au contraire. L'objectif d'une Défense européenne commune, même si le périmètre, les voies et les moyens en sont encore extrêmement flous, impose à l'évidence un temps de réflexion et de maturation avant de prendre des décisions définitives. Il n'en reste pas moins que, Défense européenne ou pas, à Douze ou élargie aux pays de l'Est, dans le cadre de l'Alliance atlantique ou non, il y aura toujours une armée et des soldats français, et que de cela — ne rêvons pas — rien ne nous dispensera jamais. Voilà pourquoi nous ne pouvons pas laisser dépérir un outil dont nous savons qu'il sera toujours indispensable, même si nous ne sommes pas en mesure d'en définir précisément l'emploi dès maintenant.

Aujourd'hui, la machine tourne à vide. Le

concept de défense flotte comme un iceberg, les lois de programmation militaire sont laminées par les priorités économiques, la conscription nationale s'étiole puisque l'on a renoncé à employer les appelés dans les interventions extérieures, comme on l'a vu pendant la guerre du Golfe. Les hommes sont atteints dans leur dignité et leur efficacité. La seule certitude qui demeure est l'abnégation avec laquelle les militaires servent l'Etat.

Comment reprendre l'initiative ? Comment redonner confiance à l'une des institutions fondamentales du pays alors même qu'elle se sent rejetée par la symbolique du désarmement qui semble gagner les plus hautes sphères du pouvoir, et qu'elle est un peu désemparée par la disparition de tout ennemi bien visible ? Voilà la contradiction que les hommes politiques doivent résoudre dans les années qui viennent, sous peine de se retrouver dans une situation analogue à celle des années 20 au cours desquelles la « grande armée » a successivement perdu sa motivation, son savoir-faire et son âme, avant d'être anéantie.

Il n'existe pas de réponse simple et sûre. Une armée ne se construit pas à partir d'un pourcentage de PNB, pas plus qu'elle ne s'entraîne avec « des petits boulots » aux marges de l'action humanitaire ou du maintien de la paix. Elle ne fonctionne pas davantage avec des hommes sans projet et sans mission.

Mais, même si l'environnement international, européen et national interdit de mettre en œuvre une politique définitive de défense, il faut au moins se déterminer sur quelques orientations : la conscription, la dissuasion et le volume des forces classiques.

La conscription, tout d'abord : conçue à l'origine comme ciment et garantie d'une défense populaire, elle ne répond plus aux objectifs politiques initialement recherchés. Le brassage de la population, l'émancipation des conscrits, l'enracinement républicain de l'armée sont autant de repères désuets et désormais sans réalité. Il faut couper ce nœud gordien qui use l'armée dans des tâches de formation sans objet et obère son efficacité. Il faut consacrer les moyens d'entraînement aux seuls individus appelés à servir plusieurs années. Il faut enfin dispenser l'armée des contraintes liées à l'emploi d'une jeunesse dont la vie ne peut plus être risquée autrement que pour la défense du sol métropolitain : le service militaire a vécu. L'avenir est à l'armée de métier.

Je ne remets pas en cause cependant le principe d'une contribution temporaire de tous les jeunes Français à la sécurité de leur pays. Une bonne solution serait d'utiliser cette jeunesse au sein d'une *garde nationale.*

Cette garde au sein de laquelle garçons et — pourquoi pas ? — filles passeraient quatre à six mois de leur existence, constituerait une force d'action civile capable, tout à la fois, de garder les points sensibles, de renforcer les moyens d'assistance et de participer aux actions de proximité de l'Etat : sécurité publique et protection civile. Ce serait, adaptée aux besoins d'aujourd'hui, une façon de retrouver l'esprit républicain qui a présidé à la naissance de la conscription.

La dissuasion reste la pierre angulaire incontestée de notre Défense, du moins aussi longtemps que les facteurs de changement évoqués plus haut n'auront pas atteint une maturité suffisante pour engendrer, si nécessaire, une nouvelle politique. Mais, dans les circonstances présentes, il n'appartient pas à la France de relancer la course aux armements et à la technologie nucléaires. Il est impératif de ne pas s'engager sur des voies étroites où nos partenaires européens ne pourraient ni ne voudraient, le moment venu, nous suivre.

La dissuasion en alerte permanente ne correspond plus, elle non plus, aux menaces et aux enjeux actuels. Il faut diminuer les contraintes et les coûts que cette alerte permanente fait peser sur les forces nucléaires sans pour autant baisser la garde ; c'est au renseignement spatial que doit revenir désormais le soin d'assurer la surveillance et la détection des risques de déstabilisation de l'ordre établi. La guerre du Golfe a bien montré que c'est à ce niveau que se jouent désormais les victoires. Il y a un effort considérable à faire pour que la France soit, dans ce domaine, à la hauteur d'une grande puissance.

Quant aux forces armées susceptibles d'être mises en œuvre, sur tous les théâtres d'opérations, il nous faut faire preuve de pragmatisme et mettre en place un noyau dur de quelques dizaines de milliers d'hommes, de trois centaines au moins d'avions de combat et de quelques dizaines de navires qui auront la charge de remplir, en tout temps et en tout lieu, leurs missions soit dans le cadre de notre politique nationale — la France a, notamment en Afrique, des obligations qui lui sont propres et que personne n'assurera à sa place —, soit en coopération avec nos alliés.

Il faut donc, parallèlement, négocier avec nos principaux partenaires des accords de soutien en commençant par les équipements strictement défensifs. L'objectif est de disposer de véritables « droits de tirage » réciproques permettant, en cas de besoin, de mobiliser les matériels faisant défaut à l'un ou à l'autre. Il n'y a pas de meilleure amorce de solidarité européenne que de concevoir cette sorte de réassurance collective. Batteries de défense aérienne, moyens de lutte contre les mines et les agressions chimiques, avions et navires de transport, assistance médicale et logistique, voilà quelques exemples parmi lesquels nous pourrions choisir de commencer.

Conscription, dissuasion et forces d'action, voilà les trois volets de la Défense sur lesquels nous devrions prendre position, sans attendre que la décantation des bouleversements internationaux, européens et nationaux en cours nous permette d'élaborer, vers la fin de ce millénaire, le concept d'emploi, la nature et le volume des armées de demain. Faute de quoi, nous risquons de nous apercevoir, mais un peu tard, que le temps perdu ne se rattrape jamais.

On peut, à la rigueur, trouver des raisons aux atermoiements en matière de défense. On reste confondu devant l'incapacité intrinsèque des socialistes à saisir et à traiter les problèmes de sécurité intérieure. Il n'y a là nul prétexte, nul alibi, pour camoufler la réalité. Elle n'en est que plus cruelle.

Les socialistes ont longtemps considéré que la

sécurité était une revendication de nantis ou un slogan de droite. Ils viennent de s'apercevoir que c'était l'exigence première de tous les citoyens, et d'abord des plus modestes. On est d'autant plus attaché à ses biens qu'on a eu du mal à les gagner.

Je doute fort que, malgré les excellentes déclarations de M. Bérégovoy, le gouvernement parvienne à redresser une situation qui n'a fait, depuis 1988, que s'aggraver à un rythme de plus en plus soutenu. Les statistiques du ministère de l'Intérieur signalent une augmentation globale des crimes et délits de 7 à 9 % chaque année, et, déjà, de 12 % pour le début de 1992. A cette vitesse, on doublerait le chiffre de la délinquance en moins de dix ans !

Comment expliquer cela ? Les petits voyous n'étaient pas moins tentés entre 1986 et 1988, années où l'on a enregistré une baisse des délits. Simplement, la police, remotivée, était dans la rue et elle savait que ceux qu'elle allait interpeller ne seraient pas remis en liberté dès le lendemain matin. Cela suffit à enrayer le phénomène, à défaut de le résoudre.

Les socialistes, eux, ont toujours pensé que la prévention était une alternative à la répression, alors qu'elle n'est qu'une politique préalable. Une bonne hygiène peut empêcher la maladie. Mais quand la maladie est là, il convient de la soigner. De la même façon, quand la prévention a échoué, même si on le regrette, la loi doit s'appliquer dans toute sa rigueur. La reconquête de la sécurité est à ce prix.

Faute de le comprendre, on a créé un sentiment d'impunité, qui stimule le délinquant, démobilise le policier et désespère le citoyen. La justice, elle aussi, a été démotivée, comme de façon concertée. Les pires promesses datant de l'union de la gauche ont été tenues, et dans un temps record : on a supprimé la Cour de Sûreté de l'Etat, aboli la peine de mort sans créer une peine de substitution, libéré des terroristes sur parole ! Dans ce contexte de démission de l'Etat, les magistrats se sont efforcés de continuer à accomplir leur devoir : défendre partout les citoyens, et faire en sorte qu'ils ne soient pas victimes d'un déni de justice, après avoir été celles d'un délit ou d'un crime.

Mais l'indépendance de la magistrature a été bafouée. Jamais dans l'histoire récente, on n'aura vu un pouvoir installer sans vergogne, à tous les postes de responsabilités, autant de magistrats dévoués à sa cause. Quant à l'action publique, c'est-à-dire la faculté d'engager des poursuites judiciaires, elle a été régulièrement détournée de sa vocation pour servir d'arme dans le combat politique. Bref, la justice est aujourd'hui colonisée, et elle ne retrouvera son indispensable prestige qu'en recouvrant son indépendance.

L'affaire de l'amnistie n'a pas peu fait pour dégrader la confiance des citoyens dans nos institutions et, bien qu'elle n'y soit pour rien, dans la justice. Les jeunes magistrats qui se sont révoltés l'ont bien ressenti.

Ce qui est inadmissible dans l'affaire de l'auto-amnistie votée par les députés, c'est qu'elle a donné aux citoyens l'impression qu'il y avait deux poids et deux mesures. Or, la justice ne mérite ce nom que lorsqu'elle est égale pour tous.

A l'occasion du vote d'une loi visant à assainir le système de financement des partis politiques, il était sans doute admissible de tirer un trait sur le passé — à condition de le faire dans le cadre d'une amnistie générale des délits fiscaux. Ce qui a été mal perçu, et à juste titre, c'est la pratique consistant à réserver des traitements différents à des problèmes de même nature. Comment justifier en effet une amnistie sélective qui s'applique aux faits commis par les hommes politiques pour financer leurs activités, mais pas à ceux d'entrepreneurs, de commerçants ou d'artisans ? Il y a là une rupture du principe d'égalité des citoyens devant la loi, qui est à la base même de la démocratie.

Il n'est guère surprenant, dans ces conditions, qu'une crise des vocations frappe les deux métiers qui correspondent pourtant à la plus grande demande des citoyens. Pour y remédier, l'Etat doit évidemment se réformer ; mais il doit aussi inciter les meilleurs éléments de la fonction publique à se diriger non plus vers l'inspection des Finances, mais vers la justice et la police. Si demain, une partie de l'élite des hauts fonctionnaires, au lieu de superviser les comptes d'entreprises publiques qui ne demandent qu'à être laissées tranquilles, se consacrait aux problèmes d'ordre public et de justice, nul ne s'en plaindrait !

La situation des banlieues est, je l'ai déjà évoqué, un des facteurs majeurs du sentiment d'insécurité qui se répand. Il y a là un double échec. Le premier remonte à plusieurs décennies : c'est celui d'une politique de construction anarchique, privilégiant le gigantisme sans aucune politique urbaine d'accompagnement.

L'autre, c'est la calamiteuse politique d'immigration suivie depuis 1981, qui a abouti à des concentrations de populations en fonction de leurs origines ethniques — ce qui est radicalement contraire à l'objectif affiché d'intégration.

Il en résulte toute une série de drames sociaux : mal de vivre, insécurité, délinquance, échec scolaire, chômage. Pour tenter d'y faire face, en dix ans, près d'une centaine de milliards ont été dépensés ; des dizaines de mesures ont été prises — certes inspirées par de bonnes intentions, mais complexes, incohérentes voire inapplicables. Le bilan fait apparaître une remarquable absence de solutions concrètes face à un problème qui menace la stabilité même de notre société. Le désarroi de M. Bonnemaison, le spécialiste socialiste de la prévention de la délinquance, après les émeutes dans sa propre ville d'Epinay-sur-Seine, faisait peine à voir.

Il est urgent de trouver de véritables réponses. On peut certes bâtir différemment pour le futur, mais on ne modifiera pas radicalement, à court terme, la situation des grands ensembles. C'est donc sur les conditions de vie qu'il faut agir.

Mais le plus urgent est de rétablir l'ordre public et l'autorité de l'Etat. L'absence de réaction des autorités face aux incessants viols de la loi constitue un encouragement à la surenchère de la violence et de la provocation. Il y a aujourd'hui des quartiers entiers où la police ne peut plus pénétrer, parce qu'elle n'y est plus autorisée. Marseille n'est pas, loin s'en faut, un cas isolé. Seul un Etat qui se fait respecter peut restaurer la tolérance mutuelle nécessaire à la vie en commun. Il lui faut pour cela instituer une véritable « sécurité de proximité », par une présence permanente de policiers, d'îlotiers et, ce serait une excellente chose, de jeunes effectuant leur service dans la garde nationale que j'ai évoquée plus haut.

Les problèmes liés à l'immigration devront être résolus par une réduction drastique du flux des clandestins. Leur multiplication et la hausse de la délinquance qu'elle génère (plus de 25 % l'an dernier) constituent le principal obstacle à l'insertion pour une majorité silencieuse de travailleurs immigrés réguliers et parfaitement assimilables. Quant aux mesures d'expulsion prises à l'encontre des étrangers coupables de crimes et délits, elles doivent être effectivement exécutées. On peut s'interroger sur les raisons pour lesquelles le nombre d'expulsions prononcées en 1991 est en diminution de 73 % par rapport à 1987 — alors même que la criminalité étrangère n'a connu aucune baisse, au contraire ! Enfin, il faut maintenant confier aux élus locaux la responsabilité de délivrer les certificats d'hébergement et de regroupement familial, en fonction des possibilités d'accueil des communes et, surtout, de la réalité des situations familiales.

« Le développement accéléré de l'insécurité, de la délinquance, de la criminalité et de la drogue représente un des dangers majeurs de notre société », écrivait il y a plus d'un an dans *Le Figaro* le prix Nobel Maurice Allais. Il me semble que les hommes politiques sous-estiment gravement le problème de la drogue, qui est de plus en plus souvent à l'origine des crimes et des délits. Je ne voudrais pas passer pour alarmiste, mais le constat est « terrorisant », à un point qu'on n'imagine pas encore.

La drogue est en effet le premier trafic de toutes les mafias du monde, cela on le savait. Mais c'est désormais la première source de revenus pour des pays, de plus en plus nombreux, d'Amérique latine et d'Asie. Enfin, plus grave encore, la drogue est aussi devenue la première source de financement du terrorisme international, au point qu'on a forgé le mot de « narco-terrorisme » pour qualifier cette nouveauté.

La Bolivie et le Pérou sont devenus des champs de coca, production contrôlée par les terroristes du Sentier lumineux. La Colombie la transforme en drogue, sous la houlette des guérilleros du M-19 ou du FARC. Cuba facilite le transport vers les Etats-Unis. Voilà pour l'Amérique latine. Iran, Pakistan, Afghanistan, Birmanie, Thaïlande, Laos, pour l'Asie. Mais aussi, plaine de la Bekaa, transformée en champ de cannabis par l'OLP, puis par la Syrie. Et on sait que la Libye de Kadhafi pratique également, à grande échelle, le mélange drogue-terrorisme.

L'argent de la drogue alimente aujourd'hui tous les terrorismes dans le monde. La complicité entre terroristes et mafieux s'étend au blanchiment de cet argent. L'affaire de la BCCI a bien montré l'étroite imbrication entre trafiquants de drogue, groupes terroristes et services spéciaux d'Etats pratiquant le terrorisme.

L'explosion de l'offre provoque l'explosion de la demande. Aux Etats-Unis, c'est un véritable ravage. Chez nous, les mêmes causes commencent à produire les mêmes effets. La consommation et les infractions qui y sont liées augmentent de façon exponentielle. Pour le docteur Olievenstein, dans son rapport annuel, « le bilan 1991 est celui de la catastrophe ». Un seul chiffre : le nombre de décès par overdose en France est passé de un seul en 1970 à 411 l'an dernier !

La solution n'est pas simple. Elle passe, bien sûr, par une coopération internationale totale, qui devrait se traduire, à l'ONU, par la mise en accusation des pays qui favorisent cette véritable agression contre notre civilisation, au même titre que les Etats se livrant à une agression militaire. Car c'est bien à une nouvelle forme de guerre, plus sournoise mais beaucoup plus dangereuse pour nos ressortissants, que nous avons à faire face.

Il faut aussi, sur le plan intérieur, que la drogue soit mise hors la loi, beaucoup plus qu'elle ne l'est actuellement où une certaine consommation « mondaine » est largement tolérée. Comme il y a de l'inconscience chez certains à plaider pour une dépénalisation de l'usage des stupéfiants. Là aussi, il ne faut pas confondre la prévention et la répression, au motif que la société serait responsable du malaise de la jeunesse. L'écoute n'est pas la complicité.

Devant l'étendue des ravages provoqués par ce fléau, certains pays — Hollande, Espagne, Italie — ont plus ou moins cédé à la tentation de la légalisation, dans l'espoir de contrôler et de juguler la consommation des stupéfiants. Or, nulle part la libéralisation n'a été suivie par une baisse de la toxicomanie, bien au contraire !

La dépénalisation de la drogue est à la fois immorale et inefficace. Pour un Etat, c'est une véritable démission : c'est renoncer à la protection de ses citoyens. Quant aux consommateurs, ils ne se contentent pas de compromettre, de façon souvent irrémédiable, leur propre santé en prenant des drogues de plus en plus dures : ils pratiquent généralement le prosélytisme et sont amenés, pour se fournir, à commettre des délits — à Paris, un délit de voie publique sur deux est lié à la drogue — voire à devenir eux-mêmes des « dealers ».

Face à la menace mortelle que la drogue fait peser sur notre pays, médecins, policiers, familles, Etat doivent unir leurs efforts. C'est une guerre sans merci que nous devons mener contre ce fléau qui menace la santé et l'avenir de la France.

Le rôle de l'Etat est au centre de bien des interrogations. Dépossédé du pouvoir sur l'économie, il se sent inemployé, inutile, comme ces cadres d'entreprise un peu âgés, victimes de la modernisation de leur industrie et qui n'arrivent pas à envisager leur reconversion vers une activité nouvelle. Les meilleurs fonctionnaires — en tout cas les plus titrés — le délaissent pour les entreprises privées qui seules leur semblent dignes de leur formation et de leur carrière.

Il y a pourtant des tâches nobles à accomplir pour l'Etat et ceux qui le servent. Après tout, ses premiers grands serviteurs ont été des soldats, avant d'être des administrateurs, puis des gestionnaires. La sécurité est redevenue la première mission qu'il lui faut remplir. C'est en en prenant conscience qu'il suscitera, à nouveau, le goût du service public et le renouveau des vocations.

Au service de la France, on peut, en effet, toujours appeler le dévouement et même l'esprit de sacrifice. Pour le prouver, je voudrais porter témoignage de l'expérience qui a été la mienne au ministère de l'Intérieur, sur deux affaires d'importance : le terrorisme et la libération des otages français au Liban.

IX

« Le fils du gardien de la paix » [1]

1. Ainsi m'a présenté Jean-Paul Kauffmann, le 9 août 1984. Il ne pouvait se douter à l'époque que nos destins allaient se croiser.

En ce mois de mars 1986, je venais à peine d'être nommé ministre de l'Intérieur du gouvernement de Jacques Chirac qu'un attentat, dans la galerie Point-Show, sur les Champs-Elysées, venait ensanglanter Paris. Avant même de prendre mes fonctions place Beauvau, je dus me rendre sur les lieux, en compagnie de Robert Pandraud, le nouveau ministre délégué à la Sécurité. C'était un spectacle de cauchemar et nous nous jurâmes bien, l'un et l'autre, d'employer tous les moyens pour empêcher, autant que faire se pouvait, que de tels événements se reproduisent sur le territoire français. Cela demanda, comme la suite l'a prouvé, du temps et de la constance.

Il fallait reprendre les choses en main. La police, j'ai déjà expliqué pourquoi, était gravement démotivée. Elle devait se voir confirmée dans sa mission. Très fermement ! Ses moyens devaient être renforcés, et ses personnels clairement commandés. Quant aux ministres de l'Intérieur et de la Sécurité, ils devaient naturellement défendre et soutenir les policiers. C'est-à-dire « les couvrir », ai-je eu alors le malheur de dire — et je ne le regrette pas. Ce qui permit aux belles âmes de se déchaîner, comme si j'avais donné aux forces de l'ordre la permission de tuer.

Fils de policier moi-même, j'avais confiance dans la police, comme dans le corps préfectoral. Qui ne connaît leur attachement au service de l'Etat et de la République ? Oui, j'avais confiance en ces femmes et ces hommes du ministère de l'Intérieur. Je le fis savoir haut et fort. Cela suffit à redonner à tous l'envie d'agir et le sens des responsabilités.

La tâche la plus urgente était d'identifier les menaces terroristes — que celles-ci trouvent leur inspiration à l'intérieur du territoire ou à l'étranger. L'enjeu était considérable. Il y allait aussi de la crédibilité de l'action conduite par le gouvernement, et tout particulièrement de celle de son chef, Jacques Chirac.

Dans ce domaine, l'action des différents services chargés du renseignement était primordiale. Or, nous dûmes vite nous rendre à l'évidence : nos services savaient bien peu de choses. Je devrais même dire qu'ils ne savaient rien.

Je me souviens de la première réunion de l'Unité de coordination de la lutte anti-terroriste, l'UCLAT. Cet organisme regroupe tous les services concernés, quel que soit leur ministère d'origine, et il est placé sous l'autorité du ministre de l'Intérieur. Peu avant ce « briefing », la porte de mon bureau s'était ouverte. Il était 23 heures. Le ministre de la Sécurité m'apparut déçu et surtout inquiet. Il me dit :

— Nous n'avons rien. Absolument rien. Pas le moindre fil à tirer !

A sa demande, et avec lui, j'allai rencontrer à cette heure tardive tous les responsables de la police, de la gendarmerie, des services de renseignements. Je les écoutais, puis m'en allais, non sans leur avoir dit que le moment était enfin venu d'attaquer tous azimuts, d'en appeler à tous les informateurs... Il fallait en finir avec le laxisme, les états d'âme. Bref agir vite et efficacement, en application de la loi républicaine.

Le ministre de l'Intérieur disposait de deux services de renseignements : la Direction de la surveillance du territoire ou DST, et les Renseignements généraux.

Dirigée par d'excellents professionnels, rompus au renseignement, à la détection, à la manipulation d'agents étrangers, la DST était axée sur le contre-espionnage, avec comme objectif principal la neutralisation des réseaux soviétiques. Il me fallait réorienter son action, l'engager dans la lutte contre le terrorisme d'origine étrangère. Elle en reçut la mission et assuma cette nouvelle tâche avec compétence et efficacité. Plus tard d'ailleurs, je devais l'utiliser quelquefois à l'étranger. De son côté, Robert Pandraud s'investissait à fond dans la remise en ordre de la police.

Quant aux Renseignements généraux, ils étaient, dans le domaine de la lutte contre le terrorisme d'origine nationale — Action directe pour ne pas le nommer —, inefficaces car démobilisés eux aussi, principalement en raison des remises en liberté des terroristes précédemment arrêtés. De plus, ce service manquait de moyens et d'hommes. Nous décidâmes de le réorganiser et de placer un grand policier à sa tête. Ce fut Philippe Massoni, directeur adjoint au cabinet du ministre de la Sécurité. Meneur d'hommes, il avait fondé à la Préfecture de Police l'un des tout premiers groupes de lutte antiterroriste. Le travail obstiné, opiniâtre, qu'il devait mener pendant tout le temps où il demeura à la tête de la Direction centrale des Renseignements généraux, assisté du contrôleur général Claude Bardon, responsable de la recherche, excellent élément lui aussi, venu de la Police judiciaire, devait, le moment venu, porter ses fruits. Ils formaient ensemble une « flèche » efficace et fiable à qui une brillante équipe ne ménageait pas son appui. Ici et là on s'interrogeait, pour souvent s'en inquiéter, sur les hommes et les méthodes que nous avions choisis pour gagner cette guerre. Serviteurs fidèles, et sans concession, de la République, nous évitions de répondre, sachant que le secret de la réussite reposait essentiellement sur la vaste expérience de ces fonctionnaires qui savaient allier l'intelligence au sens de l'action, à condition qu'on le leur permette.

Après l'importante arrestation d'un terroriste parmi les plus dangereux d'Action directe, André Olivier, le 28 mars 1986, à Lyon, quelques jours après ma prise de fonctions, deux réseaux de trafic d'armes au profit de l'Irish National Liberation Army, l'INLA irlandaise, étaient démantelés en juin 1986 et d'importants responsables de cette organisation neutralisés. Le 25 juillet 1986, trois membres de l'organisation basque Iparretarak étaient arrêtés. Le 29 octobre de la même année, deux membres de l'ETA militaire, spécialistes du matériel de déclenchement d'explosions à distance, étaient également interceptés à Marseille. Mais, surtout, le 21 février 1987, les quatre chefs du mouvement dissous Action directe, Jean-Marc Rouillan, Nathalie Ménigon, Georges Cipriani et Joëlle Aubron, étaient arrêtés dans une ferme à trois kilomètres de Vitry-aux-Loges, à trente kilomètres d'Orléans, dans le Loiret.

Exemplaire, cette opération devait mettre un terme à la « longue traque d'Action directe » [1]... et hors d'état de nuire les assassins du général Audran et de Georges Besse, président de la Régie Renault, également auteurs de tentatives d'assassinat visant l'ingénieur général Blandin et le vice-président du CNPF, Guy Brana, pour ne citer que quelques-uns de leurs forfaits.

Nous avions précédemment, au grand dam des contempteurs de la morale républicaine, fait afficher les portraits et les noms des terroristes les plus dangereux, et promis de fortes récompenses à toute personne nous permettant leur capture. Cela procédait d'une volonté, elle aussi affichée, de « terroriser les terroristes ». Au lieu de nous gêner, les sarcasmes que ce discours-programme me valut alors nous furent d'une grande utilité. Se sachant traqués, les terroristes — en tout petit nombre — perdraient de leur mobilité, leur atout principal. Et ce qui devait arriver arriva : une information parvient à la

1. *Cf.* à ce sujet, notamment, l'ouvrage de Roland Jacquard, paru sous ce titre, chez Albin Michel.

Direction centrale des RG : Jean-Marc Rouillan et Nathalie Ménigon vivent dans la région d'Orléans, dans une ferme isolée. Au fil des jours, le renseignement se précise, grâce au remarquable travail du commissaire Swiners-Gibaud et de son équipe de spécialistes. Une photographie est examinée aux Renseignements généraux : on y voit un homme dont certains des traits rappellent ceux affichés de Rouillan et une femme qui paraît être Ménigon... Après les avoir vraiment identifiés et filés, après les repérages indispensables effectués au plus près, la décision d'intervenir est prise. Pour l'assaut et la neutralisation, nous faisons appel au RAID du commissaire Mancini. L'heure H est fixée à 21 heures, le 21 février. A partir de 20 h 45, l'attente commence. En dehors de Robert Pandraud et de moi-même, nul au sommet de l'Etat ne connaît l'opération qui va avoir lieu. Le premier ministre nous fait une totale confiance. Pour nous, le secret est la condition essentielle du succès. En ces heures, ces dernières minutes, l'angoisse nous étreint. Nous buvons un whisky en attendant les résultats. Nous pensons aux hommes du RAID, aux commissaires Swiners-Gibaud, Mancini et à leurs hommes qui risquent leur vie. Intérieurement, je prie pour qu'il n'y ait pas de casse... de notre côté du moins.

Nous avions ordonné que toutes les liaisons entre les unités et leurs supérieurs soient coupées. Par mesure de sécurité. Tout est dans les mains de Mancini. L'assaut doit être donné comme convenu. A 21 h 05, premier compte rendu : succès, avec quatre personnes capturées. Pas de blessé. Puis, dix minutes plus tard, Massoni nous annonce :

— Carré d'as : Rouillan, Ménigon, Aubron, Cipriani ; les chefs d'Action directe sont entre nos mains.

Une joie immense nous saisit. Nous avons enfin un grand succès... et quel succès !

J'appelle Jacques Chirac à Matignon pour lui en rendre compte. Le premier ministre est ravi, je le sens. Les bonnes nouvelles sont rares et celle-là en est une, et de taille. Je lui demande s'il veut bien informer le président de la République. Il m'en laisse le soin. De sa part, c'est une forme de reconnaissance. J'appelle l'Elysée. Le Président est absent mais on m'indique qu'il va me rappeler. Cinq minutes plus tard, effectivement j'ai le Président en ligne. Je l'informe du succès de notre opération et de l'arrestation des quatre dirigeants d'Action directe. Un blanc de quelques secondes, puis sa voix :

— Je vous félicite. Veuillez féliciter tous ceux qui ont participé à cette action.

Je remercie le président, qui ajoute :

— Puis-je vous poser une question ? Est-ce que cette opération est le résultat d'une longue traque ou le fruit du hasard ?

— Un peu des deux, Monsieur le Président.

L'entretien s'arrête là.

De notre côté, il nous faut maintenant gérer l'information. Des fuites se sont produites sur place. Le correspondant de l'AFP, les radios puis les télévisions sont informées, à partir de 22 heures. Nous arrivons — chose exceptionnelle — à passer un accord avec tous. Nous leur demandons de ne rien diffuser avant le lendemain, à 10 heures du matin. Ce laps de temps est pour nous capital. Il nous faut dépouiller les documents saisis, interroger les individus arrêtés, alerter les représentants des services allemands, car beaucoup de pièces concernent la Fraction Armée Rouge.

Tous les responsables des médias acceptent ce gros sacrifice. Preuve que les journalistes savent être conscients de l'intérêt général. Et ils tiendront scrupuleusement parole.

Qu'ils en soient aujourd'hui encore remerciés, de même que ceux qui, alors, dirigeaient, sous nos ordres, le ministère de l'Intérieur.

J'eus le plaisir d'assurer leur promotion et de les décorer. Ils étaient heureux et moi fier d'être leur chef.

Je raconte cet épisode, parce que je crois que

la chance se mérite. Dès lors que les troupes ont retrouvé le moral, tout est possible. Nous devrions nous en souvenir aujourd'hui.

Si, avant notre arrivée au gouvernement, les Renseignements généraux avaient pu remplir leur rôle, si le RAID avait assumé sa mission, si la DST avait eu moins de mal à identifier les origines des menaces externes, et si la Direction générale de la sécurité extérieure (DGSE), traumatisée par l'affaire du *Rainbow Warrior*, avait été en mesure d'apporter son soutien, bien des attentats auraient pu être évités. Ces errements allaient être corrigés. Il y allait de la sécurité intérieure et extérieure de la France.

J'avais pressenti ces faiblesses avant d'entrer au gouvernement. Elles expliquent, à mon sens, que ceux qui voulaient faire pression sur la France aient pu se sentir autorisés, à partir du début de l'année 1985, à employer des méthodes terroristes : prises d'otages, attentats et chantages. Nous étions en pleine guerre entre l'Iran et l'Irak, et le soutien de la France à ce dernier pays expliquait, me semblait-il, l'origine de ces événements qui touchaient notre territoire et nos ressortissants. Carton, Fontaine, Kauffmann et Seurat, otages depuis le printemps 1985, étaient les premières victimes de cette tentative coordonnée de faire plier la France. Comme un signal supplémentaire, quelques jours avant notre victoire aux élections législatives de mars 1986, quatre nouveaux Français — Jean-Louis Normandin, Philippe Rochot, Georges Hansen et Aurel Cornéa — étaient pris en otages au Liban.

C'est pourquoi, peu après mon arrivée place Beauvau, j'avais demandé à Jean-Charles Marchiani de venir me voir. Je l'avais connu bien des années plus tôt, lorsque, avec Philippe Dechartre, il animait les sections ouvrières du mouvement gaulliste.

Je l'avais retrouvé plus tard à Matignon, auprès de René Tomasini, puis au Sénat où il était le conseiller de ce dernier pour les problèmes de sécurité. Jeune, dynamique, ancien officier parachutiste au 8e RPIMA, diplômé de l'enseignement supérieur, spécialiste de l'Afrique et du Moyen-Orient, il avait servi au SDECE, de 1960 à 1972, puis, après avoir quitté « officiellement » ce grand service de renseignements, il avait continué son action, en secret, jusqu'en 1986. Il s'occupait en particulier du Liban, de la Syrie et de la Libye.

Compte tenu de sa connaissance des services spéciaux des pays arabes, et d'un certain nombre de leaders politiques et d'hommes d'influence au Moyen-Orient, je lui demandai de mettre en place, à mes côtés, un dispositif permettant de remonter aux sources des filières terroristes et de combler, au moins en partie, les lacunes des services officiels de renseignements. Quant à la fameuse « cellule antiterroriste de l'Élysée », mieux valait ne pas en parler. Elle s'occupait... d'autre chose. Passons...

Dès le mois d'avril, Jean-Charles Marchiani avait pris contact, sous l'identité d'Alexandre Stéfani, avec les responsables des services algériens, tunisiens, syriens, libyens et libanais, ainsi qu'avec l'état-major de l'OLP. Par eux il avait pu, en quelques semaines, rencontrer en terrain neutre (Larnaka ou Ankara) des militants arabes engagés dans la mouvance terroriste, dont la branche chiite (CSPPA) qui, nous disait-on, sévissait dans notre pays. Jean-François Etienne des Rosaies me rendait également de précieux services.

Ainsi, dès juillet 1986, nous disposions d'un certain nombre d'informateurs dans diverses organisations et nous pouvions recouper leurs renseignements avec ceux des services officiels arabes. Les liaisons parallèles établies avec ceux-ci par Jean-Charles Marchiani fonctionnaient bien. Elles étaient rendues crédibles par la situation exceptionnelle de notre pays, en raison de la cohabitation. En outre, notre origine corse commune donnait à penser aux interlocuteurs de Jean-Charles Marchiani que nos relations n'étaient pas des rapports administratifs normaux mais plutôt amicaux, de type tribal, ce qui correspondait à leur mentalité et renforçait leur confiance. Dès la fin de 1986, nous pouvions enfin écarter la thèse, soutenue un moment par nos services, d'une origine et d'une organisation arabe des opérations terroristes revendiquées par le CSPPA, comme celui de la rue de Rennes. La clé était à Téhéran.

A Saïda et à Baalbek, nos agents nous donnaient assez d'indications pour que l'implication directe des services spéciaux iraniens ne fasse plus de doute. Les mêmes agents nous indiquaient qu'Ibrahim El Amine et Hussein Moussawi[1], responsable militaire du Hezbollah[2] de la région de Baalbek, dépendaient des services qui, à Téhéran, « géraient » la détention des otages français au Liban. Cela fut d'ailleurs confirmé à « Stéfani » par Hussein Moussawi lui-même lors d'un rendez-vous rocambolesque organisé à Damas sous la protection des services syriens. Malgré la modestie de nos moyens financiers — et encore ne devaient-ils rien aux fonds secrets, mais à

1. Les otages français auraient été détenus à Nabih Shit, village natal d'Hussein Moussawi, près de Baalbek, dans la plaine de la Bekaa.
2. Hezbollah : mouvement d'origine iranienne exigeant l'application intégrale de la loi coranique.

quelques amis du monde économique qui avaient constitué un fonds pour m'aider —, nous progressions.

J'informai Jacques Chirac de nos conclusions et obtins de lui l'autorisation de lier la gestion des deux problèmes, terrorisme et otages, dont la solution se trouvait logiquement à Téhéran. La justesse de ce diagnostic allait être à l'origine de notre succès dans ces deux domaines. Le premier ministre m'avait donné « carte blanche ». Cela nous assurait une liberté de manœuvre et une rapidité de décision capitale. Quant à moi, j'avais une confiance absolue en Jean-Charles Marchiani qui jouissait d'une grande liberté d'initiative sur le terrain.

Si je rendais compte à Matignon, je pouvais décider pratiquement sur l'instant. Cela était capital. Bien sûr, je tenais informé le directeur de cabinet du premier ministre, Maurice Ulrich, dont le soutien m'était précieux. Mais nous ne disions à Jacques Chirac que l'essentiel.

Au début de 1987, Jean-Charles Marchiani réussissait à entrer en contact avec les services spéciaux de Téhéran, ainsi qu'avec l'organisation des Pasdarans[1]. Il nouait du même coup le dialogue sur les deux problèmes qui nous intéressaient : le terrorisme et les otages retenus

1. Bras armé de la révolution islamique iranienne.

au Liban. Plusieurs semaines furent perdues : discussions byzantines et difficultés pour Marchiani de prouver qu'il était notre représentant qualifié. Par lui, j'avais appris que le gouvernement précédent de Laurent Fabius et la cellule élyséenne avaient engagé des négociations au sujet des otages. Aussi étrange que cela puisse paraître, je dois à la vérité de dire que nous n'avions aucun moyen de vérifier les engagements pris antérieurement par le gouvernement français. D'autant que, dans les rapports de l'Etat iranien avec notre pays, la politique et les « affaires » étaient par moment imbriquées au plus haut niveau.

Ce qu'il est convenu d'appeler « l'affaire Luchaire[1] » avait affaibli la position des « négociateurs » précédents et des maladresses avaient bloqué la situation sur le terrain. Ainsi, des émissaires prétendant dépendre de la cellule antiterroriste de l'Elysée, avaient remis, à Larnaka, trois millions de dollars... à des chiites libanais qui se faisaient fort d'intervenir auprès des geôliers de nos otages. Bien entendu, il n'en fut rien, mais cela ne renforça pas la crédibilité des véritables négociateurs. La cohabitation, ce fut aussi cela...

1. Entreprise soupçonnée d'avoir versé des commissions occultes au PS en échange d'autorisations d'exportations d'armes, en particulier vers l'Iran.

Au deuxième trimestre 1987, au gré de rencontres et de réunions difficiles à mettre en place d'Ankara à Islamabad, en passant par Damas et Baalbek, nous avions pu affiner notre analyse. Une négociation globale sur le terrorisme et les otages ne pouvait aboutir que si nous avions à proposer à nos interlocuteurs une monnaie d'échange, évidemment compatible avec notre sens de l'Etat et l'honneur de la France. Mais cette monnaie d'échange, nous ne l'avions pas. Conduites jusqu'alors par le Quai-d'Orsay, sous l'impulsion de Jean-Bernard Raimond, les négociations, qui avaient déjà permis la libération de cinq de nos otages, étaient désormais dans l'impasse.

J'étais convaincu que le règlement de cette affaire passait par une démonstration de force à l'égard du régime de Téhéran. D'autant que celui-ci était secoué par les querelles entre factions, entre les durs et ceux qui souhaitaient retrouver une place dans la communauté internationale. Je n'avais cessé d'argumenter en ce sens auprès du premier ministre. Il était disposé à m'écouter. Mais nous n'avions aucun moyen d'action sérieux. En effet, les parades ou mesures de contre-terrorisme que j'avais demandé à la DGSE d'étudier m'étaient apparues très aléatoires.

Ces moyens qui nous manquaient, Téhéran

allait nous les fournir par une provocation dont je n'ai toujours pas aujourd'hui compris la finalité... mais que je décidai alors de saisir.

La DST suspectait l'interprète de l'ambassade d'Iran à Paris, Wahid Gordji, d'être le coordinateur des services de renseignements iraniens en Europe occidentale. Le juge Boulouque instruisait le dossier du terrorisme avec fermeté et vigilance. Nous étions tenus informés du dossier par le chef de la section antiterroriste du parquet, le substitut Alain Marsaud. Une convocation à se rendre devant le juge avait été adressée à Wahid Gordji. Mystérieusement prévenu, il avait disparu. Or voilà qu'il réapparaissait à l'ambassade d'Iran, aux côtés de l'ambassadeur, au cours d'une conférence de presse, et que le gouvernement iranien menaçait la France d'une rupture des relations diplomatiques.

Aussitôt, notre Conseil de sécurité intérieure se réunit autour de Jacques Chirac. Je proposai de rompre les relations diplomatiques avec l'Iran, pays agresseur, de bloquer l'ambassade et d'envoyer comme signal supplémentaire la flotte française dans le Golfe persique. Après une discussion animée, Jacques Chirac adopta cette position. Mais il lui fallait l'accord du président de la République. Rentré dans la soirée à Paris, le Président nous reçut. La décision de la France était prise : les relations diplomatiques étaient rompues. Nous confirmions que Gordji devait se présenter devant le juge. Dans la nuit, nous arrêtions à la frontière française des diplomates iraniens qui s'apprêtaient à quitter le territoire national avec leurs familles. Nous faisions aussi interpeller les diplomates et les principaux responsables de l'ambassade. Tout ce petit monde était enfermé à l'intérieur des bâtiments diplomatiques, avenue d'Iéna, mis en état de siège, les gendarmes mobiles et les CRS en contrôlant sévèrement les accès. Seul, l'ambassadeur était autorisé à se déplacer sous escorte, entre l'ambassade et son domicile.

Le résultat ? Les écoutes effectuées par nos services et ceux de nos alliés nous confirmèrent que Téhéran avait compris le message. Commença alors ce que l'on a appelé la « guerre des ambassades ». Mais le contact était rétabli entre Jean-Charles Marchiani et les Iraniens. C'est ce que je cherchais. Ce contact allait permettre, plus tard, de jeter les bases de l'accord qui nous permit d'arrêter les opérations terroristes et de rapatrier nos otages.

Mais les embûches n'allaient pas manquer sur notre route. Ne recevant aucune aide de quiconque, nous étions obligés de mettre sur pied notre propre logistique. Ce qui retardait d'autant les choses.

De son côté — car dans cette affaire rien n'a été simple —, l'homme d'affaires syrien Omran Adham [1], actionnaire fondateur d'un hebdomadaire parisien, en contact avec le chef du contre-espionnage syrien, le général Hamdani, tentait, par des fuites organisées, de faire capoter l'affaire. Un de nos agents, infiltré dans le Hezbollah, et qui nous renseignait sur le déplacement de nos otages — grâce à lui nous avions envisagé un moment une opération de force pour les libérer, puis nous y avions renoncé — était kidnappé et interrogé par les services d'Hamdani. Mais Jean-Charles Marchiani continuait ses allées et venues. Les risques qu'il prenait ne cessaient de croître et mes inquiétudes pour sa sécurité avec eux. Lui n'en avait cure. Il était uniquement habité par le souci de réussir la mission que je lui avais confiée, c'est-à-dire libérer nos malheureux otages dont le journal télévisé rappelait chaque soir le calvaire, et arrêter le terrorisme. La seule chose — je le voyais bien — qui le touchait, c'étaient les campagnes de dénigrement suscitées contre lui, inspirées par nos adversaires politiques.

1. Homme d'affaires syrien, se prétendant « émissaire de l'Elysée », un moment ami du président Hafez el Assad.

Tandis que Jean-Charles Marchiani risquait sa vie pour le pays, d'autres ne pensaient qu'à le salir. D'un côté le dévouement désintéressé, de l'autre la mesquinerie. Ce sont hélas, bien souvent, les deux images que la France donne d'elle-même.

Heureusement, une politique, comme le disait de Gaulle, se juge à ses résultats.

Jean-Charles Marchiani avait réussi, au nom du gouvernement, à conclure un accord avec les responsables iraniens. Cet accord consistait en 5 points successifs :

1. libération préalable de deux otages français, en signe de bonne volonté ;
2. cessation des actes d'hostilité réciproque entre les deux pays ;
3. libération simultanée des ambassades ;
4. paiement par la France de la part non contestable du contentieux Eurodif ;
5. libération des trois derniers otages par l'Iran.

Mais, pour le dernier point, nous n'avions plus rien de tangible à négocier avec l'Iran. Nous proposâmes aux Iraniens un scénario de normalisation des relations entre l'Iran et la France et de reprise progressive de la coopération entre nos deux pays. Ce scénario sera réalisé par nos successeurs.

Dans la deuxième quinzaine de novembre

1987, je fus informé de la récupération imminente de deux otages. Celle-ci intervint, le 27 novembre, avec la libération acrobatique des journalistes Roger Auque et Jean-Louis Normandin, à la limite des secteurs « syrien » et « Hezbollah » de Beyrouth. Moment d'intense émotion, quand Jean-Charles Marchiani put enfin m'appeler de l'ambassade de France pour me confirmer qu'ils étaient en sécurité, chez nous ! Je rendais compte au premier ministre du résultat enfin positif de nos efforts. Il exultait. Notre démarche était donc la bonne. Restait à assurer leur exfiltration dans de bonnes conditions. Elle fut facilitée par le général Michel Aoun, chef d'état-major de l'armée libanaise, qui mit un hélicoptère à notre disposition pour que Marchiani, Auque et Normandin puissent, dans la nuit, se rendre à Larnaka. Je décidai de les recevoir sur l'aérodrome de Solenzara. C'était la Corse et c'était le sol de la France. C'est là qu'ils seraient reçus d'abord. Imagine-t-on la fierté, la joie qui m'étreignait et qui étreignait aussi tous ceux qui étaient présents sur la base, du colonel au plus simple soldat.

La première phase de la mission que nous avions confiée à Jean-Charles Marchiani était terminée.

Deux otages avaient été libérés sans contrepartie, en gage de bonne volonté, sur notre parole garantissant la suite des opérations. Le substitut Alain Marsaud m'avait auparavant indiqué que les soupçons qui avaient pesé un moment sur Gordji étaient dissipés. Et que, ne disposant d'aucun autre élément, le juge Boulouque ne l'inculperait pas et le laisserait repartir libre s'il se présentait devant lui. Les choses se passèrent effectivement ainsi. L'ambassade d'Iran put être débloquée et Gordji rentrer à Téhéran [1]. Du même coup, l'ambassade de France à Téhéran fut libérée et le consul de France aussi; les services spéciaux iraniens firent « pression sur leurs amis » pour qu'ils arrêtent toute activité terroriste en France et nous fîmes contrôler par les Syriens l'arrêt des opérations au Liban et à Damas; la France remboursa la part non contestable du contentieux Eurodif (320 millions de dollars) [2].

La dernière phase de l'accord, qui concernait la libération des trois derniers otages, allait être plus difficile. L'élection présidentielle approchait. Inspirées par la gauche, les attaques per-

1. La libération de Gordji fera l'objet d'un échange très vif entre Jacques Chirac et François Mitterrand, lors de leur débat télévisé entre les deux tours de l'élection présidentielle. Mais tous les deux étaient de bonne foi...

2. Sur deux milliards de dollars demandés par les Iraniens en remboursement du prêt consenti par le gouvernement du Shah, pour le développement de la filière Superphénix (un milliard en capital et un milliard d'intérêts).

sonnelles contre Jean-Charles Marchiani dans la presse se faisaient plus dures, et les manœuvres obliques pour torpiller cet accord fleurissaient. Dans le même temps, un clan du Hezbollah refusait de l'appliquer, le considérant comme un marché de dupes. Ce clan, celui de Imrad Mugnieh [1], détournait un avion koweïtien et menaçait de tuer nos otages si l'assaut était donné, ou si les pirates étaient inquiétés. Des négociations acrobatiques menées entre Marchiani, des Algériens et le groupe Mugnieh permirent aux pirates de l'air de s'enfuir et aux passagers de rentrer au Koweït. Nous avions perdu un mois.

Enfin, grâce à un homme d'affaires iranien ami, nous pouvions amener l'ayatollah Montazeri, cacique de la ligne dure à Téhéran, à faire plier Mugnieh et à faire accepter par le Hezbollah la libération de tous les otages français. Cet accord fut conclu le 20 avril 1988 et Marchiani se rendit immédiatement à Beyrouth pour récupérer nos trois compatriotes si longtemps prisonniers ; mais cette libération allait être retardée à la suite d'interventions intempestives de certains Français, et rendue difficile jusqu'à la dernière minute par les services du général

1. Famille chiite liée au clan Moussawi : exécutant d'ordres venus d'ailleurs, on les considère comme la cheville ouvrière des enlèvements. Deux de ses membres sont toujours emprisonnés en Allemagne.

Hamdani qui tenteront de les intercepter. Les choses manquèrent mal tourner, lors du trajet vers l'aéroport, dans une zone où des groupes palestiniens rivaux s'opposaient dans de violents combats. Grâce au sang-froid des uns et des autres, tout s'arrangea. Nous eûmes la joie d'accueillir Jean-Paul Kauffmann, Marcel Carton et Marcel Fontaine ; et de l'amertume en pensant à Michel Seurat, mort en captivité faute de soins...

Je reçus, toujours à Solenzara, selon le même scénario, nos trois compatriotes enfin libérés. Je les ramenai à Paris. Jacques Chirac décida que leur arrivée se ferait à Villacoublay afin d'éviter la cohue et la pagaille qui avaient régné à Orly, lors de la libération de Roger Auque et de Jean-Louis Normandin. Il se privait ainsi d'un effet médiatique important. Mais nous avions le sentiment d'avoir rempli notre contrat. Lors de l'élection présidentielle, les Français feraient ce qu'ils voudraient. Nous pourrions partir la tête haute. Le terrorisme avait été muselé, les otages libérés. La France était désormais respectée. Nous avions réussi là où la gauche avait échoué. La polémique viendrait plus tard et la bassesse pourrait se donner libre cours.

Qu'importe. Il me restait à expulser Omran Adham. Ce fut fait ; puis à remercier comme il se devait nos deux principales collaboratrices.

Jour et nuit, elles avaient assuré les liaisons, partagé nos peurs, nos espérances, et nos moments de découragement. Je leur remis un souvenir symbole de ma gratitude. Enfin, je me devais de récompenser Marchiani, qui avait risqué tant de fois sa vie. Mais que pouvais-je faire ? Pas grand-chose, dans ces derniers jours du gouvernement. Au moins, avec mon épouse, le recevoir à dîner au ministère de l'Intérieur avec sa femme, qui a toujours fait preuve du plus grand courage, et ses deux jeunes garçons. Nous passâmes la soirée ensemble, après que je lui eus remis — ultime clin d'œil — la médaille du ministère de l'Intérieur, et que j'eus dit à ses deux garçons, Jean-Alexandre et Charles-Stéphane :

— Votre père est quelqu'un de très bien. Il a fait beaucoup pour la France.

J'y tenais car j'imaginais ce que ces deux enfants avaient dû souffrir en apprenant les insanités que l'on écrivait sur leur père. Nous avions tous la larme à l'œil, mais la gaieté et la joie de ce que nous avions accompli ensemble l'emportaient. Nous nous embrassâmes fraternellement.

Cependant, ce n'est pas là tout à fait la fin de cette histoire. Au moment de quitter mon poste j'écrivis au président de la République. Je lui expliquai pourquoi j'avais fait expulser Omran

Adham, qui avait conduit une action susceptible de nuire aux intérêts de la France et je lui indiquai que, si j'étais resté au gouvernement, j'aurais proposé Marchiani pour la Légion d'honneur. Jamais décoration n'eût été plus méritée ! Bien sûr, Marchiani n'a pas été décoré — Dieu merci, il n'attendait rien. Mais Omran Adham a été autorisé à revenir en France, peu de temps après notre départ du gouvernement. La cellule antiterroriste fut dissoute *de facto*, par des mutations successives. Ainsi va la vie...

Parlant de « la désagrégation morale de la société française », notre Prix Nobel d'économie Maurice Allais écrit fort justement :

« Quelles que puissent être les difficultés, quels que puissent être les dangers, le pessimisme de l'intelligence ne doit pas exclure l'optimisme de l'action, car une pleine conscience des dangers à affronter, des objectifs à atteindre et des obstacles à surmonter ne peut qu'inciter à l'action et la rendre la plus efficace [1]. »

Tel fut l'état d'esprit de tous ceux — et de toutes celles — qui m'ont permis de réussir la mission qui m'avait été confiée. Qu'ils voient dans ce chapitre le témoignage de ma reconnaissance et de mon amitié.

1. *Le Figaro*, le 5 décembre 1990.

X

La démocratie sera directe, ou ne sera plus

NOTRE pays est incorrigible. Alors qu'il y a trois ans, célébrant le 30e anniversaire de la Ve République, il se félicitait de la solidité de ses institutions, qui lui avaient permis, sans crise majeure, de vivre trois alternances successives — 1981, 1986, 1988 — on a l'impression qu'il voudrait aujourd'hui faire porter aux mêmes institutions la responsabilité de la crise morale qu'il traverse.

Que François Mitterrand souhaite — après en avoir usé jusqu'au dernier moment — imprimer sa marque sur notre Constitution, cela n'étonnera que ceux qui ignorent que seuls laissent une trace durable dans l'Histoire les conquérants et les fondateurs. De Gaulle a été les deux. Mitterrand, ni l'un ni l'autre, jusqu'ici. La guerre du Golfe et la création du Parti socialiste étant, on sera d'accord avec moi, des faits d'armes un peu courts. Ceci explique cela.

Mais il n'échappe à personne que le général de Gaulle a créé les institutions qu'il pensait bonnes pour la France avant d'exercer le pouvoir, alors que M. Mitterrand n'envisage de les modifier qu'après. Ce simple fait suffirait à jeter la suspicion sur son entreprise, à moins de penser, avec lui, que ses successeurs sont, par définition, de mauvais républicains et des dictateurs en puissance.

Il est donc plus surprenant de voir des hommes politiques de notre camp vouloir, à l'avance, lui prêter main forte. Car les institutions ne sont pas en cause, mais l'usage qu'on en fait.

La vérité est que la classe politique essaie de se défausser de son discrédit sur des institutions qui n'en peuvent mais. Les mauvais ouvriers ont toujours de mauvais outils...

Nous vivons en fait une crise de légitimité, cette insaisissable notion que ne décrit aucun article de la Constitution, mais qui l'imprègne entièrement et qui explique que les Français, eux, lui soient profondément attachés. Et cette légitimité veut, dans le régime éminemment démocratique qu'établit la Ve République, qu'il y ait adéquation entre les Français et ceux qui les représentent, le président de la République au premier chef.

C'est quand cette adéquation, cette concordance, n'existe plus, qu'il y a bien, peu ou prou, crise de régime. Car, si elle accorde au président de la République des pouvoirs importants, prééminents par rapport aux autres, la Constitution ne lui confie pas la souveraineté nationale. Ce serait, là, la monarchie sur le modèle de 1815. Voilà ce qu'on a tendance à oublier et que traduit l'article 3 de notre Constitution : « La souveraineté nationale appartient au peuple qui l'exerce par ses représentants et par le référendum. »

Le général de Gaulle, qui exerçait certes ses prérogatives avec un soin jaloux, n'a cependant jamais considéré qu'il disposait, pour sept ans, d'un quelconque blanc-seing. N'oublions pas qu'il a, en ce qui le concerne, « vérifié » par huit fois, en 1958, 1959, 1961, 1962, 1965, 1967, 1968 et 1969, à l'occasion des élections présidentielles, de deux dissolutions, de cinq référendums, sa légitimité démocratique, puisque nul ne lui contestait sa légitimité historique. Chacun sait qu'il partit en 1969, la première fois que les Français lui dirent « non », moins d'un an après avoir remporté la plus large victoire législative. Comme il serait parti avant, si le même cas de figure était survenu.

Le principe d'unité de la Ve République, son « secret de fabrication » pourrait-on dire, c'est cet article 3 de la Constitution. Le néglige-t-on, et c'est la dérive monarchique. Le respecte-t-on, et notre système politique est tout à la fois le plus démocratique et le plus efficace du monde.

On peut regretter — c'est mon cas — que les rédacteurs de la Constitution n'aient pas été plus directifs, plus contraignants, en ce qui concerne le recours au référendum. On sait bien qu'il était, dans leur esprit, un élément fondamental de la nouvelle République. On connaît la réponse que fit le général de Gaulle à ceux qui lui recommandaient une rédaction plus précise : « Le code de la route dit : les voitures roulent à droite ; cela veut dire qu'elles doivent rouler à droite. Il n'y a rien à ajouter. » Malheureusement, depuis, certains esprits moins cartésiens, ou plus retors, sont arrivés à la conclusion que rien, dans cette rédaction, n'obligeait les voitures à rouler...

L'abandon progressif du recours au référendum — Georges Pompidou l'a utilisé une seule fois, Valéry Giscard d'Estaing jamais, et François Mitterrand jusqu'ici à une seule reprise — a, c'est un fait, déséquilibré notre Constitution.

Espérons que cette année — qui s'annonce propice à l'exercice — ne nous décevra pas. Le déséquilibre apparaît aujourd'hui, comme il est apparu dans les deux dernières années du septennat de Valéry Giscard d'Estaing. C'est que le référendum est la contrepartie, implicite je le reconnais, de la durée du mandat présidentiel. Sans référendum, sept ans c'est long, à l'évidence. Seule l'expérience inédite de la cohabitation — qui a fait un peu office de succédané — a empêché que l'on s'en aperçoive dès le premier septennat de François Mitterrand.

C'est en ayant cela présent à l'esprit qu'il nous faudra aborder la révision constitutionnelle qu'on nous promet, et dont tout laisse à penser qu'elle se réduira, pour l'opinion, au problème de la durée du mandat présidentiel.

Les Français, si l'on se fie aux sondages, sont favorables au quinquennat. Je le crois bien volontiers. Il y a d'abord ceux, de plus en plus nombreux, qui l'associent au départ de M. Mitterrand dès l'année prochaine. Ensemble, ils suffiraient à faire une majorité. Mais il y a, plus profondément, le désir des Français d'être consultés plus souvent sur les grandes orientations du pays, choix que, faute de référendum, seule permet l'élection présidentielle. Il y a, chez les Français, l'envie de renouer avec la démocratie directe que la Ve République avait instituée, par le référendum et l'élection du président de la République au suffrage universel, démocratie directe qui, depuis près de vingt ans, ne marche plus que sur un seul de ses deux pieds.

Voilà pourquoi je crains que l'instauration du quinquennat, pour plaire à l'opinion du moment, ne résolve pas en fait le « déficit » démocratique que ressentent les Français. Une fois qu'ils se seront habitués à la nouvelle périodicité de l'élection présidentielle, ils anticiperont tout simplement leur mécontentement et il y aura aussitôt quelques esprits agiles pour réclamer un mandat de quatre ans. Les Etats-Unis sont là pour nous montrer la voie...

J'ajoute que l'inévitable concordance qui se créerait, dès la première élection présidentielle, ou, en tout cas, dès la seconde, entre le mandat du président et celui de l'Assemblée, nous conduirait tout naturellement vers un régime présidentiel à l'américaine, dont on ne voit pas comment il pourrait fonctionner en France, ayant été expressément conçu pour un Etat fédéral.

Ma préférence va donc vers le maintien du septennat, mais je pense qu'il ne devrait plus être renouvelable. Le président de la République, n'étant plus soumis à réélection, y retrouverait la place, au-dessus des partis, qui n'aurait jamais dû cesser d'être la sienne. Garant de l'intérêt national pour sept ans, il ne serait plus, comme c'est le cas actuellement, celui d'un camp seulement, puisqu'il ne dépendrait plus de ses suffrages. La pratique du référendum pourrait alors retrouver toute sa place, celle d'une relation directe entre le peuple et le chef de l'Etat. Il me semble même qu'à l'usage, le référendum apparaîtrait ainsi de moins en moins comme une question de confiance posée par le Président, et de plus en plus comme un mode de « votation » d'un texte particulièrement important aux yeux du chef de l'Etat et du gouvernement.

Cela serait particulièrement manifeste si l'on élargissait le champ d'application du référendum. Je crois bien que j'ai été le premier, en 1984, à envisager l'extension du champ d'application du référendum par une proposition de loi sur le référendum d'initiative populaire. Je possède même une lettre du président de la République, sur ce dernier point, qui paraît approuver cette démarche. Nous en sommes, hélas, restés là et nous verrons bien, à l'automne, ce qu'il en est réellement.

On ne peut pas, disent les adversaires du référendum, en organiser un par semaine. C'est tout à fait exact. Mais, entre un par semaine et un tous les vingt ans, il y a, vous me l'accorderez, de la marge. Un autre argument, plus sérieux, veut que le référendum d'initiative populaire soit, dans les faits, un instrument qui ne servirait qu'aux minorités de tous bords, surtout les plus extrémistes, pour remettre en cause la législation du pays. On pense très clairement à l'avortement, à la peine de mort et, de façon un peu plus confuse, à l'immigration.

J'admire ces gens qui veulent faire le bien du peuple contre son gré. Si l'on me demandait une définition du totalitarisme, c'est sans doute celle-là que je donnerais. Non que je pense que tout sujet doit être matière à référendum. Loin de là. Mais il me semble qu'aucun sujet ne doit lui être, *a priori*, interdit. Tout est fonction d'un certain nombre de garanties, sur le nombre de pétitions nécessaires, sur la constitutionnalité du texte proposé et, certainement, afin d'éclairer le débat, sur son examen préalable par le Parlement. Il ne peut y avoir, dans un pays comme la France, de référendum « instantané ». Nous avons bien assez avec les sondages. Mais il est nécessaire de permettre aux citoyens, dans des conditions et des délais raisonnables, de décider de l'élaboration d'une loi ou, au contraire, de son abrogation — le droit d'initiative et le droit de veto. Ils accepteront par là même la loi de la majorité. Je suis bien sûr qu'il y aurait rapidement, ainsi, beaucoup moins de grain à moudre pour les mouvements extrémistes.

Car le paradoxe est là : ceux qui, au Parlement, réfutent le référendum le font parce qu'ils votent des lois dont ils sont sûrs qu'elles vont à l'encontre du sentiment populaire. Mais ils se disent qu'avant de devoir se représenter devant leurs électeurs, beaucoup d'eau aura coulé sous les ponts. Le courage consisterait, au contraire, à essayer de les convaincre, quitte à ne pas réussir. Parce que les Français ont le goût du panache, ils pardonnent plus facilement une erreur, voire un échec, qu'une faute.

Septennat non renouvelable, référendum rétablissant un lien direct, dans un sens comme dans l'autre, entre l'exécutif et le peuple : je crois que le Parlement aurait tout à y gagner, et d'abord une nouvelle autonomie. Car, s'il ne reste plus grand-chose de la démocratie directe instaurée par la Ve République — l'élection du président de la République par tous les Français, encore que certains, mus par on ne sait quelle raison, veuillent la remettre en question — la démocratie représentative est en plus piteux état encore. Au point qu'un Persan d'aujourd'hui, à qui l'on donnerait à lire le bel article 3 de notre Constitution, « la souveraineté nationale appartient au peuple, qui l'exerce par ses représentants et par le référendum », et qui constaterait l'usage qui en est fait, pourrait écrire à nouveau à son frère Usbek : « Les Parlements ressemblent à ces ruines que l'on foule aux pieds, mais qui rappellent toujours l'idée de quelque temple fameux... Les grands corps ont suivi le destin des choses humaines : ils ont cédé au temps, qui détruit tout, à la corruption des mœurs, qui a tout affaibli, à l'autorité suprême, qui a tout abattu. »

La hantise d'un retour au régime d'Assemblée a, on le sait, guidé les rédacteurs de la Constitution de 1958. Ils ont donc mis un nombre impressionnant de verrous à la disposition du gouvernement, dont le fameux article 49.3 qui revient à proposer à l'Assemblée de se soumettre ou de se démettre. Mais l'usage massif de cette arme de dissuasion et d'autres armements plus conventionnels a vidé le travail parlementaire de toute signification politique. Et le danger qui menace aujourd'hui n'est plus, loin s'en faut, le retour à la toute-puissance du Parlement, mais son dépérissement. D'autant qu'il est progressivement dessaisi par la montée en puissance d'une législation européenne à laquelle il n'est ni de près ni de loin associé, celle-ci étant dévolue aux fonctionnaires de la Commission de Bruxelles.

Le thème de ce livre ne me permet pas de m'étendre sur ce sujet auquel mon expérience de député et, surtout, de sénateur, m'a cependant rendu éminemment sensible. Les Français, qui ont toujours entretenu avec leurs parlementaires des rapports mi-figue mi-raisin, n'ont pas l'air trop affectés du discrédit qui les atteint. C'est dommage car, quel que soit mon penchant pour la démocratie directe, j'en aperçois bien les limites. Seul le Parlement peut contrôler l'action gouvernementale et celle des services de l'Etat, voter et vérifier l'utilisation de l'argent public et assurer, même s'il en partage l'initiative avec le gouvernement et avec le Peuple, la continuité de l'œuvre législative.

Il serait, dans ce sens, tout à fait souhaitable que le Parlement puisse voter chaque année, en plus du Budget de l'Etat, le Budget social de la nation, qui est d'importance et de volume comparables, et le Budget « européen » de la France, dont on ne connaît rien, à part quelques vagues estimations. L'Assemblée nationale et le Sénat trouveraient là, à la condition de limiter pour ces débats budgétaires le pouvoir de coercition de l'exécutif, un rôle nouveau, à la mesure d'un pays moderne. Ce ne serait pas, pour le Parlement, le retour au pouvoir absolu, comme sous la IVe République, ce que personne ne souhaite, du moins ouvertement. Mais ce serait la naissance d'un véritable contre-pouvoir, rôle qui, si je ne me trompe, a bien été à l'origine de l'institution parlementaire.

Les députés et les sénateurs ont d'ailleurs eu l'intuition de cette évolution en multipliant, en marge de leurs moyens d'action traditionnels, les méthodes plus modernes, plus incisives, des commissions d'enquête et de contrôle. On ne peut que s'en féliciter et souhaiter que ces commissions, qui disposent de pouvoirs étendus, ne s'interdisent aucune investigation. L'Assemblée et le Sénat sont riches en parlementaires, souvent jeunes, qui brûlent d'être au fonctionnement de l'Etat ce que les *missi dominici* étaient à l'Empire de Charlemagne. Quand on lit le dernier livre de François de Closets sur le gaspillage des deniers publics, on ne peut que les encourager.

C'est un peu dans cet esprit que je vois les parlementaires de demain : plus indépendants, du gouvernement comme des partis, dotés de moyens d'action plus importants, ayant la possibilité de recruter, pour leurs missions, des collaborateurs de haut niveau parmi les grands corps de l'Etat, et même dans le secteur privé. Devant l'appareil d'Etat, le député ou le sénateur est aujourd'hui aussi démuni — je grossis le trait — que la cavalerie polonaise devant les Panzers de Guderian. Beaucoup ont du ressort, mais le résultat est couru d'avance. Il faut un peu désarmer le gouvernement, et mieux équiper les parlementaires. L'équilibre, non pas celui de la terreur mais celui des pouvoirs, est à ce prix.

Encore faudrait-il, pour que puisse s'épanouir une démocratie parlementaire rénovée, que l'on cesse de jouer avec les modes de scrutin comme on le fait avec les chevaux : la bonne cote est celle que l'on fixe au dernier moment. Certes, on nous dit maintenant que le président de la République a renoncé à imposer la représentation proportionnelle. Au lendemain des élections régionales, la cote, en effet, n'était pas fameuse. Mais M. Mitterrand n'est pas homme à s'embarrasser de scrupules si son intérêt lui commandait d'y revenir, « même quinze jours avant les élections », comme il a pris soin de nous le préciser.

L'opposition en général et moi en particulier — qui, avec Jacques Chirac, l'ai rétabli, le 11 juillet 1986, juste « après » les élections, ce qui démontre que ce n'était pas une mesure d'opportunité — ne défendons pas le scrutin majoritaire dans le souci de l'élection législative à venir. Nous avons gagné celles de 1986 à la proportionnelle et perdu celles de 1981 et 1988 au scrutin majoritaire. Paradoxe complémentaire : la proportionnelle a permis de dégager une majorité absolue en 1986, mais pas le scrutin majoritaire en 1988. Il n'y a donc en la matière aucune vérité sculptée dans le marbre.

C'est le lien entre l'élu et l'électeur qui m'importe. D'ailleurs, le véritable nom du scrutin majoritaire est scrutin « uninominal ». Il s'oppose au scrutin de liste. Le premier crée ce lien, le second le détruit. Le meilleur exemple en est fourni par l'élection du Parlement européen. Qui connaît les députés européens ? Qui sait comment en joindre un ? Je déposerai prochainement une proposition de loi pour que les députés français au Parlement de Strasbourg soient élus au scrutin uninominal, dans le cadre de 81 circonscriptions, comme c'est le cas en Grande-Bretagne. Si, comme on nous l'annonce, 80 % de notre législation sera bientôt d'origine européenne, et sans préjudice du rôle du Parlement national, il me paraît utile que les citoyens puissent choisir et connaître personnellement leurs représentants au Parlement européen.

On peut difficilement vouloir une chose et son contraire. La politique souffre d'abord de s'être professionnalisée à l'extrême et d'être devenue la chasse gardée d'une technocratie, souveraine dans les années 70, et qui s'est installée progressivement à la tête des principales formations politiques, un peu comme elle aurait gravi les échelons d'une carrière administrative. Il n'y a là, de ma part, aucune attaque personnelle contre ceux qui en sont issus. Mais seulement la constatation d'un hiatus : c'est précisément pendant que la société française s'émancipait de l'Etat que la haute fonction publique s'assurait du monopole de la représenter. Personne, individuellement, n'est en cause : c'est l'effet de masse qui crée cette impression que la politique est devenue une enceinte réservée, étrangère aux préoccupations du plus grand nombre et, pour tout dire, imperméable.

Coupez le fil qu'est l'élection directe de l'élu — et, donc, corollairement, la possibilité de le battre, car au scrutin de liste, les sortants, placés en tête, sont toujours élus — et vous donnerez bientôt corps à l'inquiétante prédiction de Jorge Luis Borges sur les hommes politiques : « Et puis, un jour, on les oublia. » Ce qui ne serait pas, penseront certains, une catastrophe, sauf qu'on n'a pas encore trouvé par quoi les remplacer.

Le mode de scrutin, s'il peut empêcher le pire, ne résout rien à lui seul. Il va falloir injecter du sang neuf dans l'univers confiné de la classe politique. C'est-à-dire qu'il va falloir que des hommes et des femmes, venant d'horizons différents, s'engagent dans la vie publique.

Ce mouvement est lancé, même si c'est encore de façon désordonnée et, disons-le, pas toujours très sérieuse. Je ne suis pas d'accord avec les Verts, dont le programme me rappelle celui de Gracchus Babeuf, et j'ai dit ce que je pensais des partis poujadistes ou catégoriels. Mais tous ces mouvements protestataires sont une voie d'accès vers le politique qui n'est pas méprisable. L'indignation est souvent à l'origine de l'engagement.

Ce n'est pas l'essentiel. La classe politique doit surtout être le reflet du mouvement du pays. Instituteurs et avocats sous la IIIe République, militants de la Résistance sous la IVe République et les débuts du gaullisme, énarques dans la France de 70 et 80, cela ne manquait, au fond, pas de sens. L'élite politique traduisait assez bien la réalité et l'ambition nationale du moment.

Maintenant que la France engage un nouveau combat — la compétition internationale — tout en restant elle-même, il lui faut une nouvelle élite politique, formée de ceux qui vont créer les richesses et de ceux qui, sur place, vont les répartir. Hommes d'entreprise et élus locaux, voilà sans doute les politiques de demain. Il sera nécessaire de permettre aux premiers de bénéficier des mêmes facilités de carrière que les fonctionnaires pour qu'ils décident de s'engager, et d'empêcher qu'une application absurde du cumul n'interdise aux seconds, de fait, l'accès aux mandats nationaux ou européens.

Toutes ces réformes apparaîtront peut-être à ceux qui m'ont suivi jusqu'ici comme secondaires. Il n'en est rien. La démocratie spontanée n'existe pas et c'est parce que notre démocratie élective est grippée que notre pays semble naviguer entre deux écueils : la démocratie médiatique, où sondages et télévision supplantent le suffrage universel, et le désaveu des institutions qui se traduit par le désintérêt, l'abstention ou l'extrémisme.

Je suis, cependant, loin d'être pessimiste. Le goût de la politique est aussi ancré chez les Français que celui de la gastronomie. Ce sont, d'ailleurs, deux de nos meilleurs produits d'exportation. La comparaison mériterait d'être poursuivie. Avant de trouver son équilibre, la cuisine française, elle aussi, a longtemps hésité entre deux excès : la religion des sauces et les supercheries de la nouvelle cuisine. Toute plaisanterie mise à part, il me semble que la politique ferait bien de s'en inspirer.

XI

La Majorité de demain

Je suis né l'année où la France a remporté sa première Coupe Davis. Mon enfance a vibré aux exploits des Mousquetaires, comme à ceux de Mermoz et des héros de l'Aéropostale. Mais l'aventure qui m'a fasciné davantage encore, c'est l'expédition vers le Pôle du commandant Charcot et de son navire *Le Pourquoi Pas ?* Le nom de ce bateau sonnait comme un défi pacifique, à une époque où rien ne semblait impossible aux Français.

La France savait s'enthousiasmer, comme elle savait, aussi, pleurer. Qu'on se souvienne de l'accueil de Lindbergh après sa traversée de l'Atlantique et, quelques années plus tard, de la disparition de Mermoz. On vivait ces événements dans chaque famille. Il me semble que la France ne sait plus partager ce type d'émotion collective. J'ai eu cette impression quand nous avions des otages au Liban, en voyant la différence avec la façon dont les Américains ressentaient le même phénomène. Ils avaient tous l'air personnellement concernés et nombre de jeunes gens arboraient le fameux « ruban jaune » de la solidarité. J'eus le même sentiment à l'issue de la guerre du Golfe. Il y a là de quoi être inquiet. C'est en effet un signe qui ne trompe pas : un pays qui ne « vit » plus ce genre d'émotion est un pays sur le déclin. Les grands pays ne sont pas blasés.

Il faudrait, cependant, peu de chose pour réveiller l'intérêt et peut-être la passion chez les Français. On l'a bien vu pendant la magnifique cérémonie d'ouverture des Jeux Olympiques d'hiver, avec cette « ola » qui a emporté toute une foule et, j'en suis sûr, tout un peuple. J'étais présent à Albertville et j'y ai vu quelque chose qui dépassait l'événement sportif ou la qualité du spectacle de Philippe Decouflé : l'envie renaissante d'un idéal partagé.

Pourtant, nous sommes passés à côté, avec le traité de Maastricht. Il y avait là de quoi ressouder le pays, en lui rendant le goût de la compétition, car la construction européenne en est une, quelle que soit la façon dont on l'imagine, ou les limites qu'on lui voit. En lieu et place de ce véritable « ordre du jour » qu'il fallait adresser à la France, pour la rassembler vers ce combat pacifique, on a préféré susciter une guerre de religion franco-française. Le penchant immodéré de François Mitterrand pour la manœuvre intérieure l'a encore emporté sur toute autre considération, et tous se sont engouffrés à sa suite, bon gré mal gré.

L'affaire du vote des étrangers a été conçue à cet effet. C'était bien la pomme de discorde idéale. Pour les uns — les yeux fixés sur l'horizon européen — c'est un symbole : la citoyenneté européenne va de soi. Pour les autres — plus concernés par les réalités nationales — c'est la porte ouverte au vote de tous les étrangers résidant en France, les déclarations répétées de M. Mitterrand n'ayant rien pour les rassurer. Je crois, moi, surtout, que c'est l'exemple même d'une aberration intellectuelle Le résultat serait de créer trois sortes d'habitants en France : les nationaux, les Européens et les autres. Si je ne m'abuse, cela se passait ainsi à Athènes : il y avait les Athéniens, citoyens à part entière ; les Grecs, qui jouissaient de certains droits seulement ; et les « métèques », qui n'avaient pas droit de cité.

Voilà ce que nous allons reproduire !

Dans nos villes et nos banlieues, cela se traduira par le fait que le Portugais aura le droit de vote aux élections municipales, mais pas le Marocain, sur le palier d'à côté, qui paie les mêmes impôts locaux et dont les enfants vont dans la même école. Allez parler d'intégration, après ça...

Compte tenu de ce qu'est la France, des quatre ou cinq millions d'étrangers non européens qui y résident et qui, pour nombre d'entre eux, auront vocation à s'assimiler, il y a quelque inconscience à jouer ainsi avec le feu. « La France est un pays en transhumance entre son passé colonial et son avenir européen », avait remarqué la commission Marceau Long. Consciente des difficultés que cela nous créait, elle avait conclu, à l'unanimité de ses membres, qu'il serait dévastateur de rompre le lien entre nationalité et citoyenneté. C'est par l'acquisition de la nationalité française que devait continuer à s'obtenir le droit de vote. C'est même pour renforcer la conscience d'appartenir, en devenant français, à une république autant qu'à une nation, que la commission recommandait d'abandonner l'automaticité de la procédure, pour la remplacer par un acte volontaire et solennel.

Face au problème, considérable, de l'immigration dans notre pays, le droit de vote accordé aux ressortissants européens, qui n'en demandaient pas tant, est une fantaisie intellectuelle. Dans l'état actuel de la France, la citoyenneté européenne est une anticipation élitiste, inutile et dangereuse.

Il est dur de se battre contre de telles utopies, parce qu'elles sont sympathiques et qu'on aurait bien envie d'y croire. On s'endormirait français, avec tous nos petits problèmes, et on se réveillerait européen, citoyen de la première puissance mondiale, rayonnante et prospère. En effaçant les frontières, on aurait effacé les difficultés. C'est magique, l'Europe, et il n'est pas facile d'opposer des arguments de bon sens à ceux de Merlin l'Enchanteur.

J'ai l'impression, pourtant, que les Français ne sont pas dupes. L'unité de l'Europe leur apparaît comme une nécessité impérieuse, à l'échelle du monde, et comme une invitation à se dépasser, pour la France et pour eux-mêmes. Pas comme une panacée. Ils attendent maintenant de nous que nous sachions nous concentrer sur l'essentiel, qui est de les aider à être plus forts, plus offensifs, plus soudés, dans cette compétition qui les attend.

Que l'opposition donne l'exemple ! Mon fils Pierre, grand amateur de rugby, me souffle que ce qui manque à l'opposition, c'est l'esprit du « jeu à la française », c'est-à-dire le goût de l'offensive et l'envie de se déployer sur l'ensemble du terrain.

On n'imagine pas, en effet, que les Français

confient plus longtemps leur destin au Parti socialiste, ou à quelqu'un issu de ses rangs. Le socialisme sort de l'Histoire, par la petite porte. Je ne le vois pas revenir par la fenêtre, même déguisé en social-démocrate. Les Français sont gens cohérents : ils ont compris que pour bien figurer dans le monde de demain, il ne faudra pas s'encombrer des oripeaux idéologiques du passé.

Cela donne à la droite une responsabilité historique, en même temps que cela doit la conduire à trouver une nouvelle dimension. Tout indique dans mon esprit, et déjà depuis longtemps, que des oppositions d'aujourd'hui doit naître la majorité qui aura à conduire la France vers et après l'an 2000. La Majorité de demain.

Pour être franc, il ne me semble pas que les partis de l'actuelle opposition prennent le chemin de ce grand rendez-vous avec les Français. Le discrédit du Parti socialiste suffit à entretenir leur confiance dans une victoire à l'usure, à défaut d'une victoire éclatante. Je ne partage pas du tout cet opportunisme un peu indolent, qu'il est de bon aloi de professer dans nos rangs. L'érosion qui nous touche est certes moins spectaculaire que l'effondrement du PS. Elle n'en est pas moins réelle et constante. Dans les chiffres, et surtout les esprits. On peut peut-être gagner, dans l'indifférence ou dans la résignation. Mais à quoi bon, si c'est pour être aussitôt l'objet du même rejet que celui qui vous a porté au pouvoir ? Il ne suffit pas d'être une alternative, plus ou moins inévitable. Il faut incarner un espoir. L'élection, législative, présidentielle *a fortiori*, doit être un point de départ, l'occasion d'un nouveau contrat entre les Français et leurs dirigeants, et non pas le dernier acte d'une histoire qui touche à sa fin.

C'est fort de cette conviction que j'ai proposé, dès la fin de l'année 1988, que l'opposition adopte le système des « primaires » pour choisir notre candidat à l'élection présidentielle. Les médias, qui ont tendance à tout réduire aux problèmes de personnes, en ont conclu qu'il s'agissait d'arbitrer entre Jacques Chirac et Valéry Giscard d'Estaing. Ce n'était pas du tout mon propos, ni celui de ceux qui ont imaginé le système avec moi [1] : notre initiative se donnait pour objectif de rendre aux électeurs une élection confisquée par les appareils des partis. Cette ambition devrait être largement partagée, à gauche comme à droite. François Mitterrand l'avait d'ailleurs imaginée pour son camp, après la lourde défaite du tandem Def-

1. Alain Peyrefitte, Gérard Longuet, Philippe Mestre, les constitutionnalistes François Goguel et Roland Drago, et le recteur Denise Flouzat.

ferre-Mendès France aux élections présidentielles de 1969.

Le général de Gaulle avait voulu que l'élection présidentielle soit l'affaire de tous les Français, et non pas celle des partis. On se souvient de l'affiche du référendum de 1962 : « C'est vous qui élirez le président de la République. » Or, les partis contrôlent désormais les candidatures. L'élection présidentielle étant l'élection majeure de la Ve République, chaque parti considère qu'il lui faut être présent, s'il ne veut être dépossédé de ses électeurs, au profit d'un autre, voisin et concurrent. On a bien vu cette dérive au fil des élections présidentielles. En 1965, les deux candidats, le général de Gaulle et François Mitterrand, n'appartenaient pas aux partis, même s'ils en recevaient le soutien. En 1988, chaque formation a son candidat, et l'élection présidentielle reproduit, à l'identique, le paysage politique de toutes les autres élections. En conséquence, les principaux présidentiables cherchent à conserver, ou à conquérir, le contrôle des principaux partis, ce qui leur garantit d'être désignés, mais nullement d'être élus.

C'est là que se situe le vrai ressort du système des primaires, qui renoue avec l'esprit de l'élection du président au suffrage universel direct. Les Français ont de plus en plus l'impression d'avoir à ratifier le choix des partis, plutôt que de choisir eux-mêmes. Du coup, ils se contentent d'éliminer. Or, avec plusieurs candidats au premier tour, l'élimination se produit invariablement, au second, à l'intérieur de notre propre camp. Je sais bien que la grande majorité de nos électeurs ne le comprend pas, mais c'est ainsi : les antagonismes partisans, la personnalisation extrême de l'élection transforment le premier tour en un duel fratricide. La déception qu'entraîne chez nombre de militants la défaite du candidat éliminé, suscite des rancœurs que les quinze jours qui séparent les deux tours de l'élection ne peuvent apaiser. La nature humaine est ainsi faite que l'échec paraît moins amer quand un rival doit le partager.

Nous avons de cette façon perdu les élections présidentielles de 1981 et 1988, alors que nous étions majoritaires au premier tour. Aujourd'hui, tout laisse à penser que, bien que l'opposition — sans parler du Front National — représente le double du Parti socialiste, un candidat issu de celui-ci ferait au moins jeu égal au second tour avec le candidat de droite. Avec un Parti socialiste qui fait 18 % des voix, c'est à désespérer !

Il nous faut donc un candidat unique, capable d'aborder l'élection présidentielle en ayant rassemblé toute l'opposition. L'idée, je crois, est maintenant largement acceptée, et tellement ancrée dans l'esprit de nos électeurs que celui qui y dérogerait serait rapidement marginalisé. Mais si la candidature unique est une condition nécessaire, ce n'est pas une condition suffisante. Il faut que le choix échappe aux appareils des partis, parce que nos électeurs se sentent de moins en moins engagés par ce genre d'investiture. Rien n'indique qu'ils seraient unanimes à la ratifier. Tout montre, en revanche, que le choix du candidat par les partis — et pour cette raison précisément — ne dissuaderait en rien d'autres candidatures et non des moindres. On voit mal, par exemple, Raymond Barre s'y soumettre. Sans les « primaires », on peut choisir un candidat unique, mais pas l'imposer.

Voilà pourquoi les primaires doivent être l'affaire des électeurs. Eux seuls ont la faculté de « légitimer » un candidat aux yeux de l'opinion et, partant, à ceux de ses concurrents. Eux seuls, par la confiance cumulée qu'ils accorderont, région par région, dimanche après dimanche, au candidat qui se détachera, permettront que s'agrègent, autour de celui-ci, progressivement, les différentes sensibilités qui existent dans notre camp, et sans doute même au-delà. Comme l'écrivait Alain Peyrefitte, quand nous avons présenté notre projet : « En s'appuyant directement sur son électorat, la droite renouvellerait sa force ; elle se donnerait le vrai moyen de l'unité — donc de la victoire. Et elle ferait avancer la démocratie. » Imaginez la force qu'aurait le candidat ainsi démocratiquement légitimé, face à celui laborieusement désigné par les chefs de courants du Parti socialiste !

Dans un tel processus, il est tout à fait souhaitable — il est même bénéfique — qu'il y ait de nombreuses candidatures au départ. Aucune sensibilité ne doit se sentir exclue, mais toutes apporter leur pierre à l'édifice commun. Nous transformerons notre handicap, qui est d'avoir trop de candidats à la candidature, en avantage. Autant il faut un seul candidat à l'élection présidentielle, autant il est utile, efficace, profitable, de « ratisser large » pendant les primaires. Il n'y a pas, à ce stade-là, division mais addition.

Gérard Longuet, le talentueux président du Parti républicain, a été le plus vif à saisir ce mécanisme des primaires et l'effet de levier qu'elles permettent. Il est donc tout à fait naturel que François Léotard ait été le premier à se déclarer candidat.

Une force politique moderne naîtra de l'organisation de ces élections primaires. Quand les

Français, de droite et du centre, qu'ils se sentent plutôt gaullistes, libéraux, démocrates-chrétiens ou — pourquoi non ? — nationaux, auront choisi ensemble le candidat le mieux à même de les représenter, ils auront *ipso facto* créé un nouveau parti qui, comme le papillon à partir de la chrysalide, se substituera sans rupture à ceux qui existent aujourd'hui. Voilà la véritable « révolution copernicienne » pour laquelle je me bats depuis bientôt quatre ans et qu'il nous faut, impérativement, imposer d'ici la fin de cette année.

L'accord sur les primaires, telles que je viens de les décrire, est en effet le creuset de ce qu'on appelle de façon un peu ridicule le « parti unique » — que je préfère appeler le nouveau parti — de l'opposition. Il n'y aurait, sinon, rien d'autre qu'une fusion d'états-majors, qui satisferait peut-être momentanément l'opinion, mais dont on s'apercevrait bien vite qu'elle ne résout pas notre problème fondamental : l'élection présidentielle. La déception n'en serait que plus vive.

J'ai toujours eu plus de goût pour l'idée de rassemblement que pour celle de parti, même si je me rends bien compte que seules les circonstances peuvent l'imposer, quand ce n'est pas un homme hors du commun. A défaut de celui-ci, et sans attendre celles-là, le système des primaires doit permettre de juguler le risque majeur qui nous guette : l'éparpillement.

Il n'y a aucun danger, il y a même des avantages, à voir tous ceux qui, dans l'opposition, ont des idées, des convictions, des valeurs, les afficher haut et fort, à condition d'instituer une règle du jeu garantissant que, le moment venu, ils se rassembleront tous derrière celui qui sera choisi. Mais, si cette règle n'est pas adoptée d'urgence, nous allons vivre le temps des « grandes compagnies ». Car il y a, aussi bien au RPR qu'à l'UDF, de fortes et jeunes personnalités qui n'entendent pas se laisser caporaliser. Avec les primaires, tout se passera bien, tout le monde étant convenu à l'avance d'accepter la règle du jeu ! Il y a de l'espace pour ceux qui veulent avancer sur les ailes, comme pour ceux qui préfèrent se regrouper au centre du terrain. L'essentiel est qu'il s'agisse d'une seule et même équipe et que tout le monde se réjouisse, une fois l'essai transformé.

C'est ce que nous avons plaidé avec Philippe Séguin lors des Assises de notre mouvement, au début de l'année 1990. Il nous semblait que le RPR, dont l'origine n'est pas celle d'un parti traditionnel, se devait de prendre l'initiative de cette refondation de l'opposition à partir de sa base électorale. Séguin, dont le caractère est à la hauteur de ses fortes convictions, avait été l'inspirateur du mouvement rénovateur. J'avais été celui des « primaires ». Notre rencontre allait de soi, d'autant que nous partageons la même foi, que le gaullisme reste une idée neuve.

Cependant, notre démarche a été mal comprise, sans doute parce qu'il est difficile de faire passer deux messages à la fois : l'un sur la méthode et l'autre sur le fond. Il n'importe. On a bien le droit, après tout, de vouloir l'unité de l'opposition, mais de souhaiter qu'au sein de celle-ci ses propres idées triomphent. L'unité n'exige ni l'uniformité ni l'unanimité, à moins de se contenter, pour tout bagage, du plus petit dénominateur commun : l'envie d'être élu.

Me voilà au bout de mon propos. J'espère qu'on en aura compris le sens. Je préfère les problèmes concrets aux idées abstraites. L'Europe ? L'Union ? Oui, certes. Mais derrière les mots, il y a des hommes, avec leurs espoirs, leurs ambitions, leurs peurs aussi. « La seule querelle qui vaille », rappelait de Gaulle.

Aujourd'hui, les Français sont déboussolés. Ils se demandent où va la France et, surtout, s'ils vont être du voyage. C'est que, si l'économie de notre pays s'est préparée à la compétition qui l'attend, la société, elle, n'a pas suivi. Les entreprises sont prêtes, mais pas les hommes. Or, nous savons bien que les pays qui progressent sont précisément ceux où l'économie et la société marchent du même pas. Ceux-là seuls ont la force intérieure qui permet de gagner.

C'est pourquoi j'ai voulu plaider, tout au

long de ces pages, pour que notre pays se recentre sur lui-même, non par peur du combat, mais au contraire pour pouvoir l'affronter sereinement. Pour qu'il se rassemble, quel autre mot employer ?

Les Français y sont prêts. L'égoïsme leur va mal. Ils sentent bien qu'ils ont tout à espérer ensemble, et tout à redouter s'ils s'isolent les uns des autres. Ce sera l'honneur de la politique de le leur dire, et le propre d'une démocratie vivante de le leur permettre.

Voilà, j'en suis convaincu, ce que demande le Peuple. Mais *qui* le lui demande ?

Grasse, le 8 mai 1992.

Table

La composition de ce livre
a été effectuée par Bussière à Saint-Amand,
l'impression et le brochage ont été effectués
sur presse CAMERON
dans les ateliers de la S.E.P.C. à Saint-Amand-Montrond (Cher)
pour les éditions Albin Michel

Achevé d'imprimer en mai 1992
N° d'édition : 12364. N° d'impression : 1496-1071.
Dépôt légal : mai 1992